阅读中国·外教社中文分级系列读物

Reading China SFLEP Chinese Graded Readers

总主编 程爱民

西游记故事

Stories from
The Journey to the West

五级主编 敖雪冈

原著 吴承恩

编者 张斌

五级

1

上海外语教育出版社
外教社 SHANGHAI FOREIGN LANGUAGE EDUCATION PRESS

主编的话

　　每个学习外语的人在学习初期都会觉得外语很难，除了教材，其他书基本上看不懂。很多年前，我有个学生，他大学一年级时在外语学院图书室帮忙整理图书，偶然看到一本《莎士比亚故事集》，翻了几页，发现自己看得懂，一下子就看入了迷。后来，他一有空就去图书室看那本书，很快看完了，发现自己的英语进步不少。其实，那本《莎士比亚故事集》就是一本牛津英语分级读物。这个故事告诉我们，适合外语学习者水平的书籍对外语学习有多么重要。

　　英语分级阅读进入中国已有几十年了，但国际中文分级教学以及分级读物编写实践才刚刚起步，中文分级读物不仅在数量上严重不足，编写质量上也存在许多问题。因此，在《国际中文教育中文水平等级标准》出台之后，我们就想着要编写一套适合全球中文学习者的国际中文分级读物，于是便有了这套《阅读中国·外教社中文分级系列读物》。

　　本套读物遵循母语为非中文者的中文习得基本规律，参考英语作为外语教学分级读物的编写理念和方法，设置鲜明的中国主题，采用适合外国读者阅读心理和阅读习惯的叙事话语方式，对标《国际中文教育中文水平等级标准》，是国内外第一套开放型、内容与语言兼顾、纸质和数字资源深度融合的国际中文教育分级系列读物。本套读物第一辑共 36 册，其中，一—六级每级各 5 册，七—九级共 6 册。

　　读万卷书，行万里路，这是两种认识世界的方法。现在，中国人去看世界，外国人来看中国，已成为一种全球景观。中国历史源远流长，中国文化丰富多彩，中国式现代化不断推进和拓展，确实值得来看看。如果你在学中文，对中国文化感兴趣，推荐你看看这套《阅读中国·外教社中文分级系列读物》。它不仅能帮助你更好地学习中文，也有助于你了解一个立体、真实、鲜活的中国。

程爱民

2023 年 5 月

目 录

第一章 从美猴王到齐天大圣

 石猴出世

很久很久以前，在遥远的东方有一片大陆，叫做 东胜神洲 ，靠近东胜神洲
的大海中有一座岛，叫做花果山。在花果山的顶上有一块石头，千百年来，感受
着日月精华。有一天，这块石头突然发出巨大的声音，从中间分开了，里面跳出
一只猴子。声音传到了天上，天上的玉皇大帝听到后，命令千里眼和顺风耳去看
看下面究竟发生了什么。千里眼和顺风耳告诉玉皇大帝，花果山里出生了一只石
猴，玉皇大帝知道后并没有特别在意。

这只神奇的石猴一出生就会跳，会走路，饿了就摘点山里的果子吃，渴了就
喝一点山泉水，每天和山里的猴群一起玩，过得十分开心。渐渐地，天气越来越
热了，猴子们就从树上下来，到水边来洗澡。其中一只猴子说："这里的水好凉
快啊，也不知道是从哪里来的。"石猴说："那我们就沿着水往山上走，走到头
不就知道了吗？"于是，猴群就沿着小溪一直走到了头。原来是一条挂在山中的
瀑布，这条瀑布像银河一样从山顶飞下来，非常美丽。

猴子们从来没有见过瀑布，十分高兴。这时一只老猴子说："这条瀑布的后
面是什么样呢？谁有本事能到瀑布的后面去看看，还能安全出来，我们就让他做

我们的大王。"石猴说："我去！我去！"说完就眼睛一闭，使劲一跳，跳到了瀑布后面的石头上。石猴睁眼一看，瀑布的后面并没有水，而是一个石洞，里面十分明亮，到处都是鲜花水果，还有很多自然形成的石桌石椅。洞口写着一行字——花果山水帘洞。

外面的猴子们等得很着急，看见石猴跳出来，急忙问："里面怎么样？有什么？"石猴说："好地方！好地方！里面有一个水帘洞，又舒服又明亮，还有很多家具，你们快跟我进去，咱们以后就住在里面，冬天不冷，夏天也不热。多好啊！"猴子们听了十分高兴，就跟着石猴一个个跳进了水帘洞。里面果然就跟石猴说的一样，大家都十分高兴。

这时候，石猴坐到中间的桌子上，说道："大家安静一下，我们事先说好的，谁能安全地从瀑布里出来，就承认谁是你们的大王。现在我不仅安全地出来了，还给大家找到这么好的一个水帘洞，你们应该让我做大王了吧！"猴子们一听，都很尊敬地站在下面，按照年纪的大小排好队，承认石猴是猴群的大王。从此以后，石猴就成了水帘洞的猴王，他给自己取了一个好听的名字，叫做"美猴王"。

3

本级词：

猴 hóu | monkey

命令 mìnglìng | to order

神奇 shénqí | magical

摘 zhāi | to pick

明亮 míngliàng | bright

尊敬 zūnjìng | respectfully

超纲词：

遥远 yáoyuǎn | far away, remote

岛 dǎo | island

精华 jīnghuá | essence

沿着 yánzhe | along with

小溪 xiǎoxī | creek

瀑布 pùbù | waterfall

闭 bì | to close (eyes)

睁 zhēng | to open (eyes)

练 习

一、请根据文章内容判断正误。

（　　）1. 花果山里有一条瀑布，名字叫做"银河"。

（　　）2. 石猴成功地跳到了瀑布的后面，发现了水帘洞。

（　　）3. 石猴打赢了所有的猴子，做了花果山的猴王。

二、请按照故事的发展顺序排列。

A. 猴子们在花果山发现了一条瀑布。

B. 石猴做了猴群的大王。

C. 花果山的石头里跳出了一只猴子。

D. 猴子给自己取了个名字叫"美猴王"。

E. 石猴穿过瀑布，找到了水帘洞。

二　拜师学艺

石猴做了美猴王之后，和猴群一起快乐地生活了很久。可是有一天，美猴王和猴子们一起喝酒的时候，突然不说话，流下了眼泪。猴子们赶紧问美猴王怎么了。猴王说："你看我们每天在这里生活得这么开心，没有人来管我们，也没有烦恼来找咱们，这是多么好的事情啊。可是总有一天我们都会死掉，等我们老了，阎王（Yánwang）就把我们的生命都拿走了，一切都没有了。每当想到这里，我就会伤心得掉眼泪。"其他猴子听美猴王这么一说，也都掉下了眼泪。这时，一只老猴子跳出来，对美猴王说："大王说得对，但是这个世界上有三种人是不会死的。"

美猴王连忙问："哪三种人？"

老猴子说："我听说佛祖（Fózǔ）、天神和仙人，这三种人阎王管不到，他们长生不老，和天地山川一样，无始无终。"

美猴王接着问他："那我怎样才能成为神仙呢？"

老猴子说："你得拜师学艺，去学习这些神仙的本领，这些神仙都住在很遥远的大山里。"美猴王听了很高兴，说："好好好，明天我就下山，找到这些神仙，让他们教会我长生不老的本事。"

第二天，美猴王告别了他的猴子们，用松树做成一艘船，离开了花果山，向大海深处漂去。美猴王被海风吹着向南走，不知道漂了多久，终于看到了远方的陆地，美猴王靠了岸，原来他已经到了南方的大陆——南赡部洲（Nánshànbùzhōu）。美猴王打算问岸边的渔民怎样才能找到神仙，可是别人一看他是个猴子，都吓跑了。于是，美猴王偷了别人晒在海边的衣服，穿上衣服，学着人的样子，走进了海边的城市。在城里住了一段时间，学会了说话和交往的礼貌。

这一天，美猴王离开了海边，来到一座长满大树的大山，山里一位老人告诉他，这座山里住着一个神仙，叫做菩提祖师(Pútí Zǔshī)。美猴王听了特别高兴，赶紧沿着山路走了很久，终于到了菩提祖师的门口。美猴王也不敢敲门，就在门口等着。等了一会儿，门突然"吱呀"一声开了，出来一个小徒弟，看着美猴王说："我家菩提祖师说外面有个来学仙术的，应该就是你吧。"美猴王就跟着小徒弟，见到了菩提祖师。美猴王给菩提祖师磕了一个头，说："我是来自花果山的猴子，一心想跟您学仙术，请祖师爷做我的老师吧！"

菩提祖师问道："你叫什么名字？你的父母是谁？"

美猴王说："我是石头里跳出来的，我没有父母，也没有名字。"菩提祖师笑了笑说："这样啊，我看你是个猴子，猴子也叫猢狲，你就姓孙吧。既然你来和我学仙术，再给你个名字'悟空'，你就叫'孙悟空(Sūn Wùkōng)'吧！"从此，美猴王就有了自己的名字——孙悟空。

孙悟空在菩提祖师那里过了六七年，老师并没有教给他想学的仙术，只是让他每天打扫卫生，种树种花。有一天，菩提祖师给别的学生上课，孙悟空越听越高兴，竟然在旁边跳起舞来。菩提祖师生气地说："你怎么上课时跳舞打扰别人呢？快出去！"说完在孙悟空头上敲了三下，把他赶了出去。

孙悟空很聪明，他想："老师如果要赶我走，为什么要在我脑袋上敲三下呢？一定是叫我晚上三点再去找他。"到了晚上三点，孙悟空悄悄地来到菩提祖师的卧室前一看，老师果然坐在那里等他。菩提祖师看到孙悟空这么聪明，就教给孙悟空许多厉害的本领，教给他长生不老、七十二种变化、腾云驾雾(téngyún-jiàwù)和十万八千里的筋斗云(jīndǒuyún)。孙悟空学得非常认真，很快就掌握了这些本领。

时间过得很快，一转眼三年又过去了。有一天，孙悟空在院子里和师兄师弟们玩儿，他一会儿变成一只鸟，一会儿变成一棵树，引得大家哈哈大笑。菩提祖师看到孙悟空在别人面前卖弄自己的本事，很生气，把他狠狠地骂了一顿，并且要赶他走。孙悟空请求师父留下他，但菩提祖师却没有同意，他说："你在山上学了很久了，也应该回去了。下山以后不要在别人面前卖弄自己的本事。记住，以后不管出了什么样的事情，都不要说你是我的徒弟。"

孙悟空记住了老师的话，告别了菩提祖师，用他的筋斗云很快就回到了花果山。

注释

佛祖、天神、仙人　Fózǔ, tiānshén, xiānrén

佛祖、天神和仙人都是中国古代神话中拥有超自然力量的生命。"佛祖"是来源于佛教的故事，"天神"指天地开辟后产生的超自然生命，而"仙人"则是普通人学习仙术后获得超自然的本领，变得长生不老。

本级词：

深处 shēnchù | deep

岸 àn | bank

吓 xià | to scare

偷 tōu | to steal

礼貌 lǐmào | manner

敲门 qiāomén | to knock at the door

打扰 dǎrǎo | to interrupt, to disturb

聪明 cōngmíng | clever, smart

悄悄 qiāoqiāo | quietly

卧室 wòshì | bedroom

厉害 lìhài | amazing, fierce

掌握 zhǎngwò | to grasp, to master

骂 mà | to curse

超纲词：

学艺 xuéyì | to learn skill

烦恼 fánnǎo | trouble

拿走 názǒu | to take away

每当 měidāng | whenever

山川 shānchuān | mountains and rivers

无始无终 wúshǐ-wúzhōng | without beginning and end

神仙 shénxiān | immortal

漂 piāo | to drift

远方 yuǎnfāng | distant place

渔民 yúmín | fisherman

徒弟 túdi | apprentice

磕头 kētóu | to kowtow

猢狲 húsūn | monkey

卖弄 màinòng | to show off

狠 hěn | severely

练 习

一、请根据文章内容判断正误。

（　　）1. 美猴王在花果山生活得并不快乐，所以决定去拜师学艺。

（　　）2. 美猴王一来到南赡部洲就找到了菩提祖师。

（　　）3. 菩提祖师用上课教训孙悟空的方法，暗示孙悟空晚上找他学习。

二、请按照故事的发展顺序排列。

A. 菩提祖师因为孙悟空上课不认真在孙悟空头上敲了三下。

B. 一只老猴子告诉美猴王做了神仙就不会死。

C. 孙悟空因为卖弄自己的本事，被老师赶回了花果山。

D. 孙悟空明白了老师的意思，在半夜三点去找菩提祖师学习神仙术。

E. 菩提祖师给美猴王取了个名字叫"孙悟空"。

F. 美猴王离开花果山，决定去学习长生不老。

G. 孙悟空学会了长生不老、腾云驾雾和七十二变。

H. 美猴王在南方找到了菩提祖师。

三　如意金箍棒

孙悟空回到花果山之后，一直缺少一件合适的武器。有一天，一只老猴子告诉他："大王，你现在本领这么厉害，能够上天下海，为什么不去东海 龙王 那里看看呢？东海里宝贝多，说不定就有适合你的呢。"

孙悟空听了以后很高兴，花果山离东海并不远，到了海边，孙悟空用了一个"闭水法"，一直游到了东海龙王的海底宫殿"水晶宫"的大门口，刚要进去，被看门的大螃蟹挡住了。孙悟空说："你去告诉老龙王，说他的邻居美猴王，来找他借点好东西。"

东海龙王把孙悟空请进水晶宫，孙悟空向他问好，说："老邻居，我是花果山的美猴王孙悟空，做了很多年的大王，但一直没有合适的武器，听说你这里宝贝多，不知道能不能借给我一件用用？"

龙王心想，这猴子能到我这海底来，确实有些本事，花果山离东海这么近，还是不要拒绝他吧，免得以后找我麻烦。他比较客气地说："原来是来借武器啊，不难不难。我这里武器多得很，我拿几件让你试试。"说着让人抬上一把大刀来。孙悟空说："我不会用大刀，麻烦你换一件吧！"龙王又让人抬上一把大叉子，孙悟空一把接过去，打了几下，说："太轻了，太轻了，麻烦你再换一件。"龙王看了心里面有点害怕，对孙悟空说："猴王啊，这个叉子可有三千六百斤重啊！"孙悟空说："太轻了，太轻了。"东海龙王只好又让人抬上一支七千二百斤重的戟。没想到孙悟空拿到手里玩了一会儿，说："还是太轻了。"东海龙王对孙悟空说："猴

王啊，我这东海里最重的兵器就是它了，没有更重的了。"孙悟空笑着说："谁不知道你东海里宝贝多啊，你肯定是舍不得把好东西给我吧，今天要是找不到兵器，我就不走了。"

这时，东海龙王的妻子偷偷地在窗帘后面对龙王说："大王啊，我看这只猴子挺有本事，要是咱们不满足他，只怕有麻烦。我们后院里不是有根定海神针 Dìnghǎishénzhēn么？让那个猴子试试好了。"龙王说："定海神针是我们的镇海之宝啊，怎么能送给那个猴子呢。"龙王妻子说："大王，不管怎么样，先把这只猴子送走再说吧！"

东海龙王想了想，点了点头，对孙悟空说了定海神针，说如果他拿得动，就送给他。孙悟空说："好啊，抬上来给我看看！"龙王说："那东西有一万三千五百斤重，我们可抬不动，您得亲自去看。"孙悟空来到龙王的后花园，看到一根金色的大铁柱子，大约有十几米高。孙悟空抱了抱说："嗯，这根定海神针重量刚好，就是太大了点，要是再细些短些就好了。"话刚说完，定海神针就变细变短了，孙悟空连忙说："再细一些，再短一些。"定海神针果然就又细了一点，短了一点。孙悟空非常高兴，把定海神针变得又细又小，放进自己的耳朵里，做了他的如意金箍棒 Rúyìjīngūbàng。东海龙王心里舍不得，但是也没有办法，只好让孙悟空把定海神针拿走了。

本级词：

挡 dǎng | to stop

邻居 línjū | neighbor

拒绝 jùjué | to refuse

客气 kèqi | politely, courteously

抬 tái | to lift up

叉子 chāzi | fork

肯定 kěndìng | certainly, surely

舍不得 shěbude | to be loath to part with or leave

偷偷 tōutōu | secretly, stealthily

窗帘 chuānglián | curtain

耳朵 ěrduo | ear

超纲词：

海底 hǎidǐ | seafloor

宫殿 gōngdiàn | palace

看门 kānmén | looking after the house

螃蟹 pángxiè | crab

龙王 lóngwáng | dragon king

免得 miǎnde | so as to avoid

戟 jǐ | an ancient Chinese weapon

再说 zàishuō | besides, what's more

柱子 zhùzi | pillar, column

刚好 gānghǎo | just, exactly

练 习

一、请根据文章内容判断正误。

（　　　）1. 孙悟空是一只猴子，没有办法去海里。

（　　　）2. 东海龙王一开始拿了许多武器给孙悟空，没想到都不合适。

（　　　）3. 孙悟空最后把东海的定海神针放在耳朵里带走了。

二、请按照故事的发展顺序排列。

A. 龙王拿了许多武器给孙悟空，孙悟空都不满意。

B. 孙悟空用"闭水法"来到了东海底下。

C. 孙悟空拿走了定海神针，龙王心里很舍不得。

D. 定海神针能听孙悟空的话变大变小。

四　不死的石猴

阎王是冥界的大王，他管理着人和动物的生死轮回。

孙悟空从老师那里学到本领之后，就回到了花果山，当起了快乐的美猴王。

有一天，他在水帘洞请客，邀请一群兄弟过来吃饭喝酒，一个个喝得大醉。孙悟空也喝醉了，就随便找了一棵松树坐下来，在树下睡着了。

睡着睡着就做起了梦，在梦里来了一黑一白两个人，手上还拿着一张纸，上面写着孙悟空三个字，走到他面前问他："你是孙悟空吗？"

孙悟空这时还没有清醒，就答应说："是啊，我就是孙悟空。"

那个白衣人就拿出一根绳子把孙悟空套上，牵着他从梦里面走了。孙悟空一路和他们跌跌撞撞地走到了一座城门口，他一看，城门上写着"阴曹地府"四个字，这时候孙悟空心里一惊，酒也醒过来了，说："阴曹地府是阎王住的地方啊？我怎么过来了？"那两个人说："根据名单，你应该今天死，我们按照阎王的命令把你的生命带过来了。"

孙悟空一听非常生气，说："我早就学了长生不老的本事，已经跳出生死轮回了，阎王怎么能抓我，你们怎么敢把我带到地府去？"说完就拿出金箍棒把那两个黑白小鬼给打成了肉饼。孙悟空刚打算转身回去，可是一想这个问题还没解决，下次阎王还是会派人把自己抓回去，干脆拿出金箍棒，把阴曹地府的大门砸坏了，然后一直打进城里，把里面各种各样的小鬼们打得到处逃。

阎王一看这个孙悟空有些本事，不太好对付，连忙走到孙悟空面前，对他说："大仙不要生气，有话好好说，不知您是什么地方的神仙啊？"孙悟空说："我是花果山水帘洞的美猴王孙悟空，你是什么人？"

12

阎王告诉孙悟空，他就是管理阴间的大王。孙悟空说："既然你就是阎王，也应该知道我孙悟空学过法术，是长生不老的，怎么还敢喊小鬼来抓我？"阎王只好说："大仙不要生气，世界上同名同姓的人太多了，死错了人的事情也常发生，估计是有其他人也叫孙悟空，小鬼抓错了。既然抓错了，你也赶紧回去吧，你放心，我以后肯定不会抓你过来了。"

孙悟空才不相信他，说："我知道你们有一份名单，上面写着每个人出生和死亡的日期，把这份名单拿过来给我看看，确定没有我的名字我才走！"阎王没办法，只好把生死名单拿出来给孙悟空看，孙悟空找了很久，终于在一千三百五十号上看到了自己的名字，按照上面的记录，孙悟空应该活三百四十二岁。孙悟空说："我不记得到底活了多少岁了，反正我的名字不能在上面，而且跟着我的猴子们也不能死！"说完拿起一支笔，把自己和花果山猴子的那一页都划掉了。然后说："阎王，你得记住了，从此以后，不仅是我，只要是花果山的猴子，你都不能抓！"这才回到花果山的那棵松树下，重新醒了过来。

阎王也没办法，只好等孙悟空走了以后，才赶紧上天把这件事情报告给玉皇大帝。

本级词：

邀请 yāoqǐng | to invite

醉 zuì | drunk

饼 bǐng | cake, pastry

干脆 gāncuì | simply, straightforward

逃 táo | to escape

估计 gūjì | to estimate

超纲词：

轮回 lúnhuí | reincarnation

绳子 shéngzi | rope

牵 qiān | to lead, to pull

跌跌撞撞 diēdiēzhuàngzhuàng | stumbling

砸 zá | to smash

法术 fǎshù | magic arts

死亡 sǐwáng | death

练 习

一、请根据文章内容判断正误。

（　　　）1. 孙悟空在睡觉时被东海龙王抓到了阴曹地府。

（　　　）2. 阎王没想到孙悟空那么厉害，只好说因为同名同姓抓错了。

（　　　）3. 孙悟空把自己的岁数从三百四十二岁改成了五百岁。

二、请按照故事的发展顺序排列。

A. 孙悟空把自己和猴子们的名字都从死亡名单上划掉了。

B. 孙悟空把阴曹地府的大门打坏了。

C. 孙悟空喝醉了，在树下睡着了。

D. 孙悟空的灵魂被黑白无常抓走了。

第二章 大闹天宫

一　官封弼马温

　　孙悟空拿走了东海龙王的宝贝之后，龙王越想越难受，决定飞到天上向玉皇大帝告状。龙王对玉皇大帝说："玉帝，花果山也不知道哪儿来了一只猴子，把我海里的定海神针给拿走做兵器了。那只猴子厉害得很，我也打不过他，专门来报告给您。这猴子有了定海神针，越来越厉害，恐怕会带来大麻烦，您还是尽快派人把猴子抓起来比较安全。"刚说完，地下的阎王也上来报告玉皇大帝说："有一只花果山的孙猴子大闹我的阴曹地府，打伤了我的好多小鬼，还把我的生死名单都撕坏了。"

　　玉皇大帝一听，觉得这只猴子是个麻烦，刚打算派人去抓，一旁的老神仙太白金星说："既然这猴子挺厉害，为什么不先把他招到天上来？给他一个简单稳定的工作，如果他做得不错，也体现了皇帝您的仁慈；他如果做得不好，在天上直接抓起来也更方便。总比他每天在下面给我们找麻烦好。"玉皇大帝一听很有道理，说："那就麻烦太白金星去一趟花果山，把那只猴子带上来吧"。

　　太白金星乘着一朵白云，来到花果山，让看门的小猴子告诉美猴王邀请他上天做官的事情。孙悟空一听很高兴，决定跟着太白金星去天宫看一看，临走时还对小猴子们说："早就听说天上的官殿比我们的水帘洞漂亮多了，我先去熟悉一下环境，以后带你们一起上去住，享受享受做神仙的好日子！"

到了天宫之后，玉皇大帝考虑到他只是个猴子，又是第一次来，没有太多的工作经验，就给了他一个"弼马温"的职位，主要的工作就是在天宫里养马。

孙悟空并不知道弼马温是个什么样的官，很高兴地去了。到了工作的地方一看，有几千匹天马都归他管理，也很高兴。孙悟空工作很努力，每天带着周围的人，按时给马吃草喝水，带着马锻炼，那些马都养得很健康，每次看到孙悟空，都走过去用鼻子闻闻他。一个多月过去了，周围的人决定请孙悟空吃饭喝酒，庆祝一下。

喝酒喝得开心的时候，孙悟空问道："我这个弼马温是个什么样的官啊？是什么等级的啊？"周围的人说："您这个职位吧……不属于任何一个部门，也没有等级。"孙悟空说："没有等级？那一定是最大的官了吧！"旁边的人说："其实弼马温就是给天宫养马的人，因为是最小的官，所以也没有等级……"孙悟空听了以后非常生气，觉得自己被骗了，从桌子上跳起来，从耳朵里拿出金箍棒，把桌子打成两半，离开天宫，回到了花果山。

从天宫回来，孙悟空越想越生气，这个玉皇大帝居然骗了自己，本来在花果山是美猴王，结果到天宫只做了一个最低级的"弼马温"，还被人笑话，太没有面子了。一旁的老猴子看他不开心，就劝他说："大王您也别生气了，花果山这么好，为什么一定要去天上做什么弼马温呢？

您这么厉害，和天上的<u>玉皇大帝</u>也没什么<u>差别</u>，您就在<u>花果山</u>做个'齐天大圣^{Qítiāndàshèng}'

不好吗？"<u>孙悟空</u>一听，连忙说："好！好！好！从此以后，我就是<u>齐天大圣</u>

<u>孙悟空</u>！"

本级词：

朵 duǒ | a measure word for flowers, clouds, etc.

熟悉 shúxī | to be familiar with

享受 xiǎngshòu | to enjoy

职位 zhíwèi | position

匹 pǐ | a measure word for horse

鼻子 bízi | nose

等级 děngjí | grade, class

居然 jūrán | unexpectedly

骗 piàn | to cheat, to deceive

面子 miànzi | face

劝 quàn | to try to persuade

差别 chābié | difference

超纲词：

告状 gàozhuàng | to lodge a complaint against sb.

撕 sī | to tear apart

招 zhāo | to recruit

仁慈 réncí | mercy

趟 tàng | to go over once

临 lín | just before

练 习

一、请根据文章内容判断正误。

（　　）1. <u>太白金星</u>建议<u>玉皇大帝</u>先让<u>孙悟空</u>来<u>天宫</u>工作，这样方便管理。

（　　）2. <u>天宫</u>的天马都很喜欢<u>孙悟空</u>，<u>孙悟空</u>也把它们照顾得很好。

（　　）3. <u>孙悟空</u>回到<u>花果山</u>之后，他决定给自己取一个厉害的名字，叫做
　　　　　"弼马温"。

二、请按照故事的发展顺序排列。

A. 东海龙王和阎王都因为孙悟空去找玉皇大帝。

B. 孙悟空明白自己被骗了，决定回到花果山，做"齐天大圣"。

C. 孙悟空做了"弼马温"，管理天上的天马。

D. 太白金星建议把孙悟空招到天上给他个小官。

二　一战托塔李天王

玉皇大帝听说弼马温孙悟空自己跑回花果山，而且自称"齐天大圣"，非常生气，觉得这样破坏了天宫的规则，必须受到惩罚，于是派托塔李天王和哪吒三太子，带领天兵天将把孙悟空抓回天宫。

托塔李天王首先派"巨灵神"来到花果山，对孙悟空喊道："臭猴子！我是天上的巨灵神，你在天上不好好养马，自己跑回来，违反了天宫的法律，玉皇大帝让我来把你抓回去，你快认输吧！"孙悟空一听大怒，说道："什么玉皇大帝！你也不看看，我现在是齐天大圣！他骗我不懂天上的官职，让我丢了面子，还敢来抓我，哪有这样的道理！"说着就拿出金箍棒朝着巨灵神打了过来。巨灵神拿出两把斧子劈过来，被孙悟空很灵活地躲了过去。孙悟空跳到巨灵神的头顶上，拿出金箍棒从上面打下来，巨灵神用两把斧子一挡，只听到"咔嚓"一声，斧子竟然被金箍棒打断了。巨灵神一看不好，赶紧逃了回去。

回到天上，巨灵神对托塔李天王说："将军！那只猴子厉害得很，我打不过他，他那金箍棒把我的斧头都打断了！"李天王看了很吃惊，"看来这只猴子还真不简单！"这时一旁的三太子哪吒说："父亲，既然那只猴子挺厉害，还是让我去试一试他的本事。"说完就带上他的宝贝，到了水帘洞的外面。

孙悟空打赢了巨灵神，刚回水帘洞坐下，还没来得及休息，就又来了一个哪吒，心里正不高兴，只听见哪吒说道："我是托塔李天王的三太子哪吒，我是来抓你回天宫的！"孙悟空笑着说："哪吒，我听说过你，你是托塔李天王的三儿子，有些本事，可是你还是个孩子，我也不想教训你。你看到我身后的旗帜了吗？只要玉皇大帝同意让我做'齐天大圣'而不是什么弼马温，我就不找你们的麻烦！"哪吒说："你别看不起我，也让你看看我的本事，变！"一下子变成了三个头、六只手，每只手都拿着不同的武器，向着孙悟空打过来。孙悟空一看，知道这就是传说中的"三头六臂"，不过这个本事他也会，于是孙悟空也变出三个头、六只手，拿着三条金箍棒，和哪吒转着圈打起来。从天上打到地上，渐渐地，哪吒有点力气不够了，又用了一个新的法术，变出成千上万个哪吒，孙悟空也从脑袋后面拔起一根头发，变出成千上万个假孙悟空向哪吒打过去，真正的自己却偷偷跑到哪吒的身后，一棒打在了哪吒的左胳膊上。

金箍棒有一万多斤重，哪吒被打了一下，疼得都要哭了。他只好赶紧收回各种法术，回到天上，对托塔李天王说："父亲，那只猴子厉害，我也打不过他，我的左胳膊还受伤了。"托塔李天王说："这只猴子这么大的本事！我们以前小看他了，那现在怎么办才好呢？你也受伤了，我们不能再打下去了。"哪吒说："父亲，那只猴子跟我说，只要玉皇大帝同意他做什么'齐天大圣'，他就不找我们的麻烦。"

托塔李天王想了想，既然打不过孙悟空，还不如干脆帮他一个忙，劝一劝玉皇大帝，说不定以后还能做个朋友。就退兵回去了。

本级词：

臭 chòu | stink, smelly	声 shēng | sound, voice
违反 wéifǎn | to violate	一下子 yíxiàzi | at a time
丢 diū | to lose, to drop	拔 bá | to pull out
躲 duǒ | to hide	

超纲词:

自称 zìchēng | to claim oneself
惩罚 chéngfá | punishment
怒 nù | angry, fury
斧子 fǔzi | axe
劈 pī | to split
灵活 línghuó | flexible

将军 jiāngjūn | general
旗帜 qízhì | flag
向着 xiàngzhe | towards
成千上万 chéngqiān-shàngwàn | thousands of
胳膊 gēbo | arm
小看 xiǎokàn | to look down upon

练 习

一、请根据文章内容判断正误。

（　　　）1. 孙悟空用金箍棒把巨灵神的手打断了。

（　　　）2. 哪吒变成三头六臂后看不清楚孙悟空在哪儿，被孙悟空打伤了。

（　　　）3. 托塔李天王觉得既然打不过孙悟空，为什么不想办法做个朋友
　　　　　呢，于是他退兵了。

二、请按照故事的发展顺序排列。

A. 哪吒变出了三头六臂，没想到也被孙悟空打败了。

B. 没想到孙悟空那么厉害，托塔李天王又派出了自己的儿子哪吒。

C. 托塔李天王觉得自己打不过孙悟空，还不如去劝劝玉皇大帝算了。

D. 孙悟空打败了来挑战的巨灵神。

21

三　大闹蟠桃会

听说托塔李天王没能够战胜孙悟空，玉皇大帝有些吃惊，他没想到这个猴子居然有这么大的本事。现在哪吒受了伤，托塔李天王短时间内也不可能再去抓孙悟空了。这时候，太白金星又给玉皇大帝出主意说："这猴子既然挺厉害，要不就真让他做个'齐天大圣'吧，反正也不是正式的职位，又不给他发工资，就让这猴子住在天宫，也好随时管理，不然他一直在花果山，以后怕会有更大的麻烦。"玉皇大帝想了想，同意了。

孙悟空听说玉皇大帝请他去做"齐天大圣"，觉得自己打赢了这一仗，做了大官，特别有面子，高高兴兴地又回到了天宫。玉皇大帝也没有骗他，对他说："我已经同意你做齐天大圣了，还专门为你在蟠桃园的边上修了一座齐天大圣府 (Pántáo Yuán) 给你住，你以后每天就在天宫吃吃饭，喝喝酒，享受一下神仙的生活吧！"孙悟空从此就在天宫做起了齐天大圣，他并没什么具体的工作要做，就在天宫里到处逛，交了很多神仙朋友，饿了就让朋友们请他吃饭。可是时间长了，难免有些

无聊，于是玉皇大帝就干脆让他去管理旁边的蟠桃园。蟠桃园是玉皇大帝的皇后王母 娘娘 (Wángmǔ Niángniang) 的花园，种满了桃树，孙悟空饿了就摘点桃子吃，累了就在桃树上睡一会儿，日子就这样一天天过去，一直到蟠桃大会的那一天。

三月三日是王母娘娘的生日，这一天玉皇大帝邀请了天上最重要的神仙，一起在花园里开蟠桃大会来庆祝。

这天一早，七位仙女就来蟠桃园摘桃子，为生日宴会做准备。孙悟空就问她们这次蟠桃大会有没

22

有请他齐天大圣。七仙女说："没听说请您呢。"孙悟空一不高兴，就用了一个"定身法"把七仙女都定住了，然后自己变成好朋友赤脚大仙的样子，去王母娘娘的后花园瑶池^{Yáochí}看一看。

瑶池的宴会还没有正式开始，到处都是好吃的食物，馋得孙悟空直流口水。尤其那些美酒，香气扑鼻。孙悟空一看周围没人，就大口大口地喝起酒来，把桌上的菜抓起来放进嘴巴里，每样菜都吃一口，尝个味道就扔了。那个神仙酒越喝越好喝，不知不觉孙悟空就喝醉了，整个瑶池的地上，垃圾扔得到处都是。过了一会儿，孙悟空爬起来，还没完全清醒，心里想，"等客人来了就麻烦了，我还是先回我的家吧"。可是喝醉了不认路，不知怎么又走到了太上老君^{Tàishàng Lǎojūn}的家里。太上老君的仙丹是天宫里有名的宝贝，听说吃了对身体特别好，孙悟空就找到装仙丹的瓶子，一口气把仙丹全吃完了，觉得味道和炒豆子也差不多。吃着吃着又睡着了。

又过了一会儿，孙悟空一下子醒了，回忆起喝了酒后做的事情，他知道自己犯了大错，玉皇大帝一定会把他抓起来。他想了想，决定还是逃回花果山，他特意用了一个"隐身法"，没让任何人看见，偷偷地回到了花果山。

注释

隐身法 yǐnshēnfǎ
是指一种让人看不见的法术。

本级词：

桃树 táoshù | peach tree

尤其 yóuqí | particularly

尝 cháng | to taste

扔 rēng | to throw

一口气 yìkǒuqì | (with) one breath

回忆 huíyì | to recall

超纲词:

府 fǔ | mansion house

宴会 yànhuì | banquet

馋 chán | greedy, fond of good food

口水 kǒushuǐ | saliva

不知不觉 bùzhī-bùjué | unconciously

炒 chǎo | to fry

豆子 dòuzi | bean

犯 fàn | to make (a mistake)

特意 tèyì | especially

练 习

一、请根据文章内容判断正误。

（   ）1. 在太白金星的建议下，玉皇大帝同意了孙悟空"齐天大圣"这个称号。

（   ）2. 因为七仙女不让孙悟空吃蟠桃园的桃子，孙悟空非常生气，把她们都定住了。

（   ）3. 孙悟空因为喝醉了酒，所以把太上老君的仙丹全吃完了。

二、请按照故事的发展顺序排列。

A. 孙悟空知道自己犯了错误，偷偷地跑回了花果山。

B. 喝醉了酒以后，孙悟空又去吃了太上老君的仙丹。

C. 孙悟空做了齐天大圣以后，并没有什么具体的工作要做。

D. 孙悟空定住了七仙女，然后去瑶池喝了很多酒。

四　大战二郎神
Èrlángshén

　　玉皇大帝听说孙悟空破坏了蟠桃大会，非常生气，立刻又派托塔李天王再次带领天兵天将把孙悟空抓回来接受惩罚。这一次托塔李天王带了十万兵马，把花果山全部围住，整个天空都变成了黑色。孙悟空的小猴子们吓坏了，赶紧报告孙悟空说："不好了不好了，来了好多天兵天将，把我们花果山全部包围啦！"孙悟空说道："怕什么！接着上次继续打！"说完就冲了出去，和等在外面的九大凶神、四大天王打了起来。打了半天，这些天上的将军们合起来也没能打过孙悟空。
Jiǔdà
Xiōngshén

　　玉皇大帝看着自己的这些将军一个个打不过孙悟空，心里又气又急。这时，来参加蟠桃大会的观音菩萨对玉皇大帝说："既然这猴子这么麻烦，我给你介绍一个更厉害的吧——二郎神，他能捉住这只猴子。但是他是个很要面子的人，你只能去请他，不能命令他。"玉皇大帝连忙说好，赶紧派人去请二郎神过来帮忙。二郎神看玉皇大帝这么客气，也没有拒绝，立刻带上他的哮天犬来到了花果山，和托塔李天王商量捉拿孙悟空的方案。二郎神对托塔李天王说："孙悟空这么厉害，我们必须有个计划。我和他打的时候，你们在旁边把花果山其他的猴子一起抓了。他必然会心慌，想办法逃跑。这时候你们在天上用'照妖镜'一直照着他，把他的位置告诉我，我自然有本事抓住他。"托塔李天王说："好办法！好办法！那就拜托二郎神了！"
Guānyīn Púsà
Xiàotiānquǎn

　　二郎神带着他的哮天犬来到水帘洞口，孙悟空看他长着三只眼睛，不像个好人，拿起金箍棒就打

了起来。两个人的功夫差不多，打了三百多下也分不出输赢。二郎神突然变成一个像山一样高的可怕的大巨人，绿色的脸红色的头发，一拳打向孙悟空。孙悟空也变成一个像山一样大的猴子，拿起粗粗的金箍棒就砸下去。

这时候，托塔李天王指挥天兵天将们，开始进攻花果山。巨灵神砸开了水帘洞的洞口，里面的小猴子们到处逃，二郎神的哮天犬冲下去，一口一个，咬死了许多小猴子。孙悟空一看花果山被进攻了，心里着急，不想再和二郎神这样没完没了地打下去了。一看水帘洞，一群天兵天将已经冲了进去，洞口也被砸坏了，只好转身一变，变成一只小麻雀，站在树上，静静地一声不响。二郎神打了一半，发现孙悟空突然不见了，心想他肯定变成什么东西逃走了，这时托塔李天王用照妖镜往下面一照，就看见树上不知从哪里来了一只麻雀，肯定是孙悟空变的。于是，二郎神变成老鹰，向麻雀飞过来。孙悟空一看不好，又赶紧飞到水边，变成一条鱼躲在水里。二郎神一看麻雀不见了，下面却有一条小河，心想这猴子肯定变成了什么鱼，于是又变成一只长嘴的水鸟，专抓小鱼，向孙悟空走过来。孙悟空一看不好，接着又变成一只小黄鸟，站在水边的水草上。二郎神一看鱼没有了，水边多出一只小黄鸟，知道是孙悟空变的，就干脆变回本来的样子，拿起弹弓，对着黄鸟射了过去。孙悟空被打了一下，疼得在地上一滚，变成一座庙，牙齿变成门，眼睛变成窗户，但是尾巴没有地方放，只好变成一个旗杆竖在后面。二郎神追着孙悟空，既没有看见小黄鸟，也没有看见别的动物，却只看见一座庙。二郎神仔细一看，哈哈大笑，说："我还从来没有见过庙的后面还插着旗杆呢，看我打碎他的窗户！"孙悟空一听不好，这不就把自己的眼睛给打坏了吗，赶紧变成原样，和二郎神继续打。

孙悟空和二郎神又打了很久也分不出胜负，这时天上的太上老君说："这猴子偷吃了我的仙丹，只有我的乾坤圈能对付得了他，让我来帮一帮二郎神吧！"说完扔出一个神奇的铁圈，从上面一下子套住了孙悟空。二郎神的哮天犬趁机一口咬住孙悟空的腿，孙悟空倒在地上，终于被二郎神和天兵天将抓住了。

本级词：

再次 zàicì | again

包围 bāowéi | to surround

拒绝 jùjué | to refuse

咬 yǎo | to bite

射 shè | to shoot

滚 gǔn | to roll trundle

仔细 zǐxì | carefully

胜负 shèngfù | victory or defeat

插 chā | to stick in, to insert

神奇 shénqí | magic

超纲词：

拜托 bàituō | please, come on

拳 quán | fist

进攻 jìngōng | to attack

没完没了 méiwán-méiliǎo | endless

麻雀 máquè | sparrow

老鹰 lǎoyīng | eagle

水鸟 shuǐniǎo | water bird

弹弓 dàngōng | slingshot

庙 miào | temple

牙齿 yáchǐ | tooth

旗杆 qígān | flagpole

竖 shù | to erect

趁机 chènjī | to seize the opportunity

练 习

一、请根据文章内容判断正误。

（　　　）1. 太上老君为了抓住孙悟空，向玉皇大帝介绍了二郎神。

（　　　）2. 二郎神在地上变成一座庙，想困住孙悟空。

（　　　）3. 孙悟空被二郎神的哮天犬咬了以后，被抓住了。

二、请按照故事的发展顺序排列。

A. 二郎神先和天兵天将们制定了捉拿孙悟空的计划。

B. 二郎神的哮天犬一口咬住了孙悟空的腿。

C. 玉皇大帝的天兵天将打不过孙悟空。

D. 观音菩萨向玉皇大帝推荐了二郎神。

五　被压五行山

　　孙悟空被抓到天宫之后，神仙们用刀、剑、雷、电等各种方法惩罚他，可是孙悟空有说有笑的，一点也没受伤。太上老君说："这猴子偷吃了我的仙丹，现在普通的办法已经伤不了他。我来把他放到我的炼丹炉(Liàndānlú)里，用火烧他七七四十九天，等我新的仙丹炼好了，这猴子自然也就烧死了。"孙悟空就这样在炼丹炉里被烧了四十九天。但是孙悟空很聪明，他躲在炼丹炉的进风口，这个地方虽然没有火，但是烟很大。把孙悟空的眼睛熏得红红的，但是他也从此练成了一个新本领——火眼金睛(Huǒyǎn Jīnjīng)。等到第五十天太上老君打开炉子的时候，孙悟空一下子从风口跳出去，把炉子一脚踢翻了，拿出金箍棒，砸开了大门，直接冲到天宫去找玉皇大帝算账了。

　　玉皇大帝一看孙悟空不仅没烧死，反而更厉害了，打碎了天宫里的各种宝贝，也没有人拦得住他。只好说："快快派人，去西天请如来佛(Rúláifó)帮忙抓住这只猴子！"

　　如来佛来到天宫，对孙悟空说："你这只猴子，为什么不守天宫的规矩，来这里搞破坏呢？"孙悟空不认识如来佛，就收了金箍棒，问道："我不管你是谁，从哪里来，我今天就是要教训教训玉皇大帝，凭什么只能他做天上的皇帝？我也要做天上的皇帝！你让他搬出去，把天宫让给我，我才停下来。"如来佛笑了笑说："我是西方极乐(Jílè)世界(Shìjiè)的如来佛，我知道你的本事，这样，我们打个赌吧。如果你能跳出我的手掌，我

就请玉皇大帝搬出去，把天宫让给你。如果你跳不出去，就请你回到下面，过几百年后想明白了再来找我。怎么样？"

孙悟空听后哈哈大笑，"我孙悟空一个筋斗云可以走十万八千里，你的手掌才多大？你要是输了，可不能后悔啊。"如来佛笑着说："我如来佛说到做到，输了就是输了。"于是孙悟空往如来佛的手心一跳，说："如来佛，你可看好了！"说完一个跟头又一个跟头，自己也不知道究竟飞了多远。只看到远远的有几根大柱子，上面都是云。孙悟空想："我应该已经飞到世界的尽头了吧，这几根柱子一定就是传说中的天柱。但是我飞了这么远，怎么才能和如来佛证明我来过呢？"于是他变出一支毛笔，在一根柱子上写下了"齐天大圣到此一游"几个大字，还在下面撒了一泡尿。心想这下如来佛肯定会相信自己了。于是又翻了几个跟头，飞回去了。

回到如来佛前，孙悟空对他说："我刚刚已经飞到天边了，看到了撑天的大柱子，还在上面写了几个字呢。我赢了。你要是不相信，就跟我一起去天尽头看一下。"如来佛笑着说："不用去那么远，你回头看看。"孙悟空回头一看，如来佛的手指上竟然写着"齐天大圣到此一游"几个字，仔细一闻，还有些尿的味道。孙悟空心里一惊，觉得不好，刚打算跳出去，如来佛的手掌一翻，把孙悟空盖在下面。手一下子变成一座五行山，把孙悟空压在了山下。如来佛写了一张咒语，贴在山上，对玉皇大帝说："请你们放心，孙悟空已经被我压在山下，不会找你们的麻烦了，五百年后，自然会有人来救他的。"

本级词：

搞 gǎo | to do, to carry on	毛笔 máobǐ | brush pen
凭 píng | to depend on	回头 huítóu | to turn around
后悔 hòuhuǐ | to regret	

超纲词：

剑 jiàn | sword

炼 liàn | to smelt

熏 xūn | to smoke

炉子 lúzi | stove

踢 tī | to kick

算账 suànzhàng | to revenge

规矩 guīju | regulation

打赌 dǎdǔ | to gamble

手掌 shǒuzhǎng | palm

看好 kànhǎo | to look to further increase

尽头 jìntóu | end

撒尿 sāniào | to pee

泡 pāo | used of excrement and urine

撑 chēng | to support

咒语 zhòuyǔ | incantation

练 习

一、请根据文章内容判断正误。

（　　　）1. 孙悟空吃了太上老君的仙丹后，就练成了"火眼金睛"。

（　　　）2. 孙悟空在他以为的"天柱"那里和如来佛打了一个赌。

（　　　）3. 孙悟空其实并没有飞出如来佛的手掌心，他最后被如来佛压在了五行山下。

二、请按照故事的发展顺序排列。

A. 孙悟空失败了，被压在五行山下。

B. 孙悟空在炉子里练成了火眼金睛。

C. 如来佛和孙悟空打赌，只要他飞出自己的手掌就让他做天上的皇帝。

D. 玉皇大帝请如来佛过来帮忙。

第三章 师徒四人行

一 唐僧与他的使命

唐僧的法号叫玄奘（Xuánzàng），他本来姓陈，是一个读书人的儿子。他的父亲坐船的时候被坏人淹死了，他母亲为了保护他，把他放在一个小木盆里，顺着长江一直漂到了著名的金山寺（Jīnshān Sì）。金山寺的大和尚留下了他，因为他是从江水里流过来的，就给他起个名字叫江流儿。玄奘长大后特别聪明，对佛教（Fójiào）的研究很深，成为中国著名的高僧。

唐朝的皇帝唐太宗有一天做了一个噩梦，梦见他到了阴曹地府，虽然阎王对他很客气，但是有很多曾经被他杀死的人要找他报仇，这让他的心里很不安。醒来以后就对大臣们说："我要举行个佛教的大会，请一位高僧来给我的人民说一说佛教的道理，让每个人的心里都能获得平静。你们觉得这个大会让谁来主持最合适？"大臣们都推荐玄奘，认为他学问高深，大家都爱听他讲佛教的道理。于是唐太宗就邀请玄奘到长安主持这场盛大的佛教"水陆大会"（Shuǐlù Dàhuì）。

与此同时，如来佛对观音菩萨说："那个大唐的玄奘，他命中注定要来我这里学习佛法，做我的学生，你去一趟长安，把我这件珍贵的伽蓝袈裟（Qiélán Jiāshā）送给他，告诉他他的使命吧！"于是观音菩萨来到长安，变成一个老和尚，走进水陆大会的会场，看见玄奘正坐在上面说佛教的故事。老和尚一边走一边说："卖袈裟，卖珍贵的袈裟！"唐太宗看见这个老和尚的袈裟非常漂亮，觉得可以买来作为礼物送给玄奘，就问道："你这件袈裟挺漂亮的，要多少钱啊？"老和尚说："我这件袈裟，要卖白银五千两。"唐太宗听了以后心里吃了一惊，问道："你这件袈裟为什么这么贵呢？都有哪些好处呢？"老和尚笑了笑说："专心信佛的人，穿了我这件宝贝不下地狱，老虎狮子不会靠近。不真心信佛的人没办法穿上我这件袈裟。"唐太宗拿来仔细看了看，说："好！贵些也值得，我要买下这件袈裟送给玄奘法师。"这时老和尚说："既然这样，那这件袈裟我就送给你吧！我不要一分钱。"说完就要走。唐太宗急忙拉住他说："刚才你说这件袈裟要白银五千两，现在却要送给我，这是什么道理？"老和尚说："我这件袈裟虽然贵，但是碰到真正合适的人是不要钱的。只是在这里，我要问玄奘法师一个问题。"玄奘赶紧过来感谢老和尚，老和尚说："我听你刚才在台上说的，都是小乘佛教的知识，你会说大乘佛教的佛法吗？"玄奘摇摇头。

唐太宗问："什么是大乘佛法？"老和尚说："小乘佛法只能让个人自己解脱痛苦，大乘佛法却可以把人民从痛苦中救出来，保护国家。"唐太宗急忙问："那请问大乘佛法在哪里？你能说给我们听听吗？"

这时老和尚变回观音菩萨的样子，飞到半空中，说："大乘佛法在西天如来佛那里，一共有佛经三藏，必须要有人亲自去那里把真经取回来才行。"大家这才知道老和尚原来是观音菩萨，连忙跪下磕头。等抬起头，观音菩萨已经不见了。于是玄奘对唐太宗说："陛下，我愿意亲自去西天，取回大乘佛经，保护国家！"唐太宗听了非常高兴，说："太好了！您就代表我亲自去西天吧。既然菩萨说那里有大乘佛经，请您一定取回来保护我们的国家和人民。"从此，唐玄奘踏上了从长安去西天取经之路。

法号 fǎhào

注释 | 法号是指普通人正式出家成为僧人以后，作为出家人的正式名字。

本级词：

靠近 kàojìn | to approach

摇头 yáotóu | to shake head

珍贵 zhēnguì | precious

超纲词：

淹 yān | to submerge

顺着 shùnzhe | along with

和尚 héshang | Buddhist monk

噩梦 èmèng | nightmare

报仇 bàochóu | to revenge

醒来 xǐnglái | to wake up

大臣 dàchén | minister

盛大 shèngdà | magnificent

袈裟 jiāshā | Buddhist cassock

使命 shǐmìng | mission

会场 huìchǎng | meeting room

白银 báiyín | silver

一惊 yījīng | surprise

地狱 dìyù | hell

老虎 lǎohǔ | tiger

狮子 shīzi | lion

解脱 jiětuō | to be free from

跪 guì | to kneel down

陛下 bìxià | your Majesty

练 习

一、请根据文章内容判断正误。

（　　）1. 唐僧的父亲给他起了个名字叫"陈江流"。

（　　）2. 因为唐僧实在买不起观音菩萨的伽蓝袈裟，所以菩萨最后没有收他的钱。

（　　）3. 唐玄奘去西天是为了带回大乘佛法的知识。

二、请按照故事的发展顺序排列。

A. 唐玄奘在水陆大会的会场遇见了卖袈裟的老和尚。

B. 小时候的玄奘顺着长江漂到了金山寺，做了和尚。

C. 唐朝的皇帝做了一个噩梦，决定请一位高僧帮助他恢复平静。

D. 老和尚请玄奘去西天取回大乘佛法。

二　相见五行山

唐僧告别唐太宗，穿着袈裟，骑着白马，一路往西。一天，他遇到了一只老虎要吃他，被一个猎人救了。唐僧感谢猎人并向他问路，猎人说："翻过前面这座山，就离开大唐的土地了。"刚说完，突然听到前面有声音大喊："我师父来了，快来救我！"唐僧吓了一跳，问道："是谁在说话？"猎人说："一定是那山下的老猴子吧。这座山过去叫五行山，传说是五百年前从天上掉下来的，山下面压着一只老猴子，五百年了还没死，我小时候还和他玩过呢，您不害怕的话，我带您去看看他。"

唐僧跟着猎人走到山下，看到一只头上长满草的猴子，那猴子看到唐僧，连忙问他："你是从大唐来，要去西天取经的和尚吗？"唐僧点点头。猴子说："太好了太好了，我叫孙悟空，五百年前因为犯了错误，被如来佛压在这座山下，前几天观音菩萨跟我说，去西天取经的唐僧会经过这里，如果我愿意保护他去西天，他可以救我出来。现在您终于来啦。"唐僧说："如果你能保护我当然太好了，我要怎样才能把你救出来呢？"孙悟空说："山顶上有一张如来佛写的咒语，您撕掉咒语，我就能出来了。"于是唐僧走到山顶，果然贴着一张金色的咒语，他刚准备去撕，那张咒语自己就消失了。这时候"嘭"的一声，孙悟空从山底的石头里跳了出来，跪倒在唐僧面前，给他磕头。从此，孙悟空就成了唐僧的大徒弟，一路保护唐僧去西天。

有一天，路上突然出现六个强盗，拿着武器，要杀掉唐僧和孙悟空，抢他们的钱。孙悟空笑着说："哈哈，我是五百年前大闹天宫的齐天大圣孙悟空，不要说你们六个人，就是六百个人一起来我一棍子就解决了！"说完拿出金箍棒，一下就把六个人全都打死了。唐僧觉得这样太残忍了，批评孙悟空说："徒弟，我们是和尚，不能杀动物，更不能杀人。虽然强盗不对，可是你也不应该打死他们。"孙悟空听了很不高兴，说："我当年在花果山，十万天兵天将我都不怕，你真啰嗦，凭什么教训我！"唐僧看他那么厉害又不听话，也没有办法，只能叹气。

第二天，趁孙悟空出去找吃的，观音菩萨来到唐僧这里，送给唐僧一顶帽子，说："等孙悟空回来，你骗猴子戴上，以后他要是不听话，我教你念一段'紧箍咒'，他就害怕你了。"等孙悟空回来，唐僧把帽子送给他，孙悟空一看帽子很好看，立刻就戴上了。这时唐僧在心里把紧箍咒一念，帽子变成一个金箍，孙悟空立刻头疼得在地上直打滚。等停下来，唐僧告诉他是观音菩萨给他戴上的这个金箍，就是为了防止他以后再做坏事。孙悟空听了很生气，要去找观音菩萨算账。唐僧说："你傻啊，紧箍咒是她教我的，她自己肯定会啊。你去找她，她多念几遍紧箍咒，你不就疼死了？"孙悟空一听也对，只好老老实实，不再任性了。

没过几天，孙悟空和唐僧走到一座很深的水潭边，突然水潭里飞出一条小白龙，对着唐僧飞过来。孙悟空赶紧保护唐僧下了马，小白龙一看吃不到唐僧，就把唐僧的马给吃了。虽然唐僧是安全的，但是没有了马，唐僧的行李就没有人背了。孙悟空也很着急，赶紧把这里的土地喊出来问问情况。土地告诉他："这条小白龙本来是西海龙王的第三个儿子，因为年轻脾气不好，有一次不小心把玉皇大帝的宝贝给烧了，所以被关在这个小水潭里。"正在这时，观音菩萨来了，对孙悟空说："这条小白龙和你一样，以前犯了错误，现在我把他喊出来，让他和你们一起去西天取经，他的惩罚也就结束了。"说完菩萨把小白龙从水里喊了出来，让小白龙变成一匹漂亮的白马，背着唐僧和行李继续向西天出发。

本级词:

逃跑 táopǎo | to escape

抢 qiǎng | to rob

杀 shā | to kill

当年 dāngnián | at that time

傻 shǎ | silly

脾气 píqi | temper

超纲词:

猎人 lièrén | hunter

徒弟 túdì | apprentice

强盗 qiángdào | bandit

残忍 cánrěn | cruel

啰嗦 luōsuo | to verbose

叹气 tànqì | to sigh

趁 chèn | to take advantage of

听话 tīnghuà | obedient

打滚 dǎgǔn | to roll on the ground

任性 rènxìng | capricious

练习

一、请根据文章内容判断正误。

(　　　) 1. 翻过五行山，唐僧就离开大唐的土地了。

(　　　) 2. 观音菩萨给孙悟空撕掉了咒语，让他做唐僧的徒弟保护他西天取经。

(　　　) 3. 孙悟空被带上了紧箍咒后，立刻去找观音菩萨算账。

二、请按照故事的发展顺序排列。

A. 小水潭里的龙变成唐僧的白龙马。

B. 唐僧刚过五行山，就听到山下有人喊他"师父"。

C. 孙悟空一棍子就打死了六个强盗，被唐僧批评了。

D. 几天前观音菩萨来到五行山，告诉孙悟空取经的和尚可以救他出去。

三　高老庄的猪八戒

孙悟空保护唐僧一路往西天去。这天，他们路过一个叫高老庄^{Gāolǎo Zhuāng}的地方，这里花红草绿，景色迷人。高老庄看起来也是一户有钱的人家，屋子很大，装饰也很漂亮。听说从唐朝来了和尚，高老庄的主人亲自出来迎接唐僧，可是一看到孙悟空，就吓得连连说道："哎呀呀，怎么又来了一个妖怪！"

唐僧连忙对主人说："别害怕，别害怕，他是我的大徒弟，名叫孙悟空，保护我去西天取经的，不是什么妖怪。"听唐僧这么说，高老庄的主人才放孙悟空进来。孙悟空进来以后，问道："老头儿，你刚才说'又来了一个妖怪'，难道你们这里以前也来过妖怪吗？"高老庄的主人听了以后叹了口气说："唉，我没有儿子，只有三个女儿。大女儿和二女儿都结婚出去住了，三女儿最小，我想留在身边，找个女婿和我们住在一起。有一天，来了一个男人，姓猪，没有兄弟姐妹，我看他人挺不错的，说话不多，人也老实，干活也勤劳，就让小女儿和他结婚了。可是后来，慢慢地他的样子就变啦，变成个猪嘴猪脸的妖怪，一顿饭能吃几百个馒头。左右邻居都说我们家来了个妖怪，要把他赶走。结果他用一阵风把我小女儿关在后面的房子里，门锁我们也打不开，他每天晚上来，白天就回他的山洞。现在我们也不知道我女儿究竟怎么样了。我们也请了好几个厉害的法师，都打不过他，我们也没有办法。"

孙悟空听了很兴奋，连忙说："我就是打妖怪的专家啊！"高老爷听了非常高兴，连忙请孙悟空帮忙，救救他的女儿。孙悟空来到后面的房子，发现门被锁着，他拿出金箍棒，轻轻一碰，锁就开了。高老爷的小女儿正伤心地坐在里面，孙悟空让高老爷把他女儿先接走，然后变成他三女儿的样子，坐在那里等妖怪来。

到了半夜，房子外刮起一阵大风，那个猪头猪脑的妖怪就来了，但他看不出他的妻子是孙悟空变的，抱着孙悟空亲了几口说："老婆，想死我了。"孙悟空假装伤心地说："老公，不好了，你赶快走吧，我父亲请了厉害的法师，专门来抓你这个妖怪呢。"妖怪哈哈大笑说："什么法师啊，他们没有一个是我老猪的对手。"孙悟空说："这次不一样，听说他们请了齐天大圣呢。"妖怪一听，不说话了，想了一会儿说："老婆，那我真得走了。你不知道，那个齐天大圣是个猴子，五百年前大闹天宫，确实厉害，我打不过他。"孙悟空说："你怎么能就这样丢下我呢，你带上我一起走吧。"于是猪八戒就背着孙悟空变的妻子，一路从后山回到自己的洞里。结果坐下来休息一看，漂亮的妻子变成了一只毛猴子，大吃一惊，说道："你……你不是孙悟空吗？怎么变成我老婆的样子骗我！"说完就拿起他的钉耙和孙悟空打了起来。孙悟空一边打一边说："你是哪里的野猪，怎么会认识我齐天大圣？"妖怪说："我才不是什么野猪！我原来在天上是管理银河的天蓬 元帅^{Tiānpéng Yuánshuài}，因为喜欢月亮上的仙女嫦娥^{Cháng'é}，有一次喝醉了酒，亲了嫦娥一口，被玉皇大帝惩罚到人间，结果掉下来的时候落在猪窝里，才变成现在这个样子。那高老头给了你多少钱，怎么把你请到这里来找我的麻烦！"孙悟空说："不是他们请我来的，我是保护唐僧去西天取经时路过这里，顺便帮他们一个忙救他们的女儿。"妖怪一听到"唐僧"两个字立刻停下了，说："唐僧在哪里？带我去见他，观音菩萨让我在这里等他，保护他去西天取经。"

这么一说，孙悟空才知道这个猪妖和他一样，也是在等唐僧的。于是他把妖怪带到唐僧那里，唐僧收他做了二徒弟，并且告诉他，做了和尚，跟他去西天取经，就不能再想着老婆了，还给他取了个名字"猪八戒"。

本级词：

迷人 mírén | charming

装饰 zhuāngshì | to decorate

锁 suǒ | lock

人间 rénjiān | the human world

超纲词：

妖怪 yāoguài | monster

女婿 nǚxù | son in law

勤劳 qínláo | hard working

馒头 mántou | steamed bun

法师 fǎshī | religious master

亲 qīn | to kiss

假装 jiǎzhuāng | to pretend

大吃一惊 dàchī yìjīng | astonished, a big surprise

钉耙 dīngpá | rake

野猪 yězhū | wild boar

银河 yínhé | milky way

窝 wō | nest

顺便 shùnbiàn | by the way

练 习

一、请根据文章内容判断正误。

（　　　）1. 猪八戒娶了高老庄的三个女儿，把她们都关在山洞里。

（　　　）2. 孙悟空为了抓猪八戒，变成他老婆的样子，让猪八戒把他背到山洞里。

（　　　）3. 猪八戒是因为以前在天上喝醉酒亲了嫦娥，被玉皇大帝罚到人间。

二、请按照故事的发展顺序排列。

A. 听说孙悟空是保护唐僧取经之后，猪妖也加入了，取名"猪八戒"。

B. 高老庄的主人告诉唐僧他们这里有一个猪脸的妖怪。

C. 孙悟空变成妖怪的老婆，在房间里等他来。

D. 猪妖背着孙悟空，一直回到了自己的山洞里。

40

四　流沙河里的沙和尚

唐僧、孙悟空和猪八戒三人离开高老庄，一路往西。孙悟空牵着白龙马，猪八戒因为力气大，就让他挑行李。他虽然心里不愿意，但是又打不过孙悟空，只好一边挑着行李，一边嘴里叽里咕噜地抱怨。

不知不觉就到了秋天，他们三个人走到了一条大河边。这条河非常宽阔，一眼看不见对岸，风急浪大，河面上连一只飞鸟也没有，感觉挺可怕的。唐僧连忙对孙悟空说："徒弟啊，你看，前面这条大河这么宽，又没有船，我们怎么过去呢？"

孙悟空对唐僧说："师父，您别急，我先飞上天去看看情况。"说完孙悟空就飞到天上。过了一会儿，他下来对唐僧说："师父啊，我在天上看了半天，这条河我却看不出有多长，只知道有八百里宽呢。"唐僧听孙悟空这么一说，有些沮丧，就沿着河边一直走，忽然看见河边有一块牌子，上面写着"流沙河"三个字。正在看着的时候，突然从水下跳出一个很丑的妖怪，乱糟糟的红头发，黑黑的脸，还带着一条粗项链，那妖怪从水里一跳出来，就冲过去抓唐僧。孙悟空连忙飞下来保护，猪八戒拿起他的大钉耙和那个妖怪打了起来，两个人在河边打了很久，也没有分出输赢。孙悟空在旁边看着猪八戒打不赢，不禁着急起来，也冲过去帮着打，妖怪一看对方来了两个人，就跳回河里逃跑了。

看着那妖怪逃回河里以后，唐僧责怪孙悟空说："悟空啊，你把这妖怪吓跑了，我们怎么才能过河呢？"孙悟空说："师父别担心，等我和猪八戒把这个妖怪抓住，不杀他，再让他领我们过河不就行了吗？"猪八戒说："是啊是啊，你去抓妖怪，我在这里保护师父就好。"孙悟空心想，这个老猪还真懒啊，于是说："八戒啊，我是个猴子，水里面的事情我不熟悉。你原来是在天上管理银河的将军，还是你去吧。"猪八戒想了想说："水里的本事我确实比你厉害，但是河里那个妖怪如果有儿子亲戚什么的，一起来帮忙，我可就打不过了。"孙悟空说："你别认真打，把他引到水面上，然后我再抓住他。"猪八戒觉得这个主意不错，就"扑通"跳到河里找那个妖怪去了。

那个妖怪刚逃到河里，还没来得及休息一下，回头一看，猪八戒已经拿着钉耙到了。妖怪说："你这只猪竟然会游泳，还打到我家门口来了！"只好和猪八戒接着打，两个人在水里打得旁边的小鱼小虾到处逃。打了一会儿，猪八戒就按原计划，假装打不过，往水面上跑，妖怪就跟着追，一会儿就到了水面上。孙悟空看妖怪的头刚在水面出现，心里一急，就跳到河面迎着妖怪打下去，那妖怪一看猴子又来了，又赶紧躲到水里去了。这时太阳已经下山，只好等到明天再说。

第二天一早，孙悟空说："八戒，还是要你先把妖怪引上来，我才能活捉那个水里的妖怪啊！"猪八戒听了不高兴地说："昨天我辛辛苦苦把他引上来，你一急，就把他给吓跑了。"孙悟空说："上一次是我太急了，这次我一定等你把他引到岸上再抓他。"于是猪八戒又来到河里面，那个妖怪正在等着猪八戒呢，两个人接着打，猪八戒一边打一边向水面上退，可是快到水面，妖怪有了经验，怎么也不肯上岸，对猪八戒喊道："有本事你就下来和我接着打啊。"猪八戒说："有本事你就上来和我继续打啊。"两个人喊了半天，猪八戒不下去，妖怪也不上来。在一旁的孙悟空又急了，从空中飞下来，妖怪一看见猴子又来了，早有准备，往水里一钻，又跑了。

这么一来，唐僧可急了，对孙悟空和猪八戒说："你们又没抓到那个妖怪，这妖怪估计也不会再上当了，那我们什么时候才能过这条河啊？"孙悟空说："我去找找观音菩萨吧，也许她有办法。"于是他腾云驾雾飞到了南海观音菩萨那里，对菩萨说了流沙河的麻烦，观音听了以后说："猴子，你应该早一点来找我，那个流沙河里的妖怪叫沙悟净，和猪八戒一样，原来是天宫的将军，后来犯了错误，被罚到这条河里，我已经说服他做唐僧的徒弟，跟你们一起去西天取经。如果你们一开始就告诉他你们就是西天取经的人，就没那么多麻烦了。"

说完，观音菩萨派身边的木叉行者和孙悟空一起回到流沙河，木叉行者喊了一声"沙悟净"，果然那个妖怪就从水里面出来了。木叉行者把事情的经过和大家说明白之后，沙悟净高高兴兴地拜唐僧为师父，孙悟空为大师兄，猪八戒为二师兄，他自己叫做沙和尚。从此以后，去西天的取经队伍就成为师徒四人，孙悟空在前面找路，唐僧骑马，猪八戒牵马，沙和尚挑行李，向西而行。

本级词：

抱怨 bàoyuàn | to complain

丑 chǒu | ugly

辛苦 xīnkǔ | hard

空中 kōngzhōng | in the air

超纲词：

叽里咕噜 jīligūlū | gabber

宽阔 kuānkuò | wide

浪 làng | wave

师父 shīfu | master

沮丧 jǔsàng | upset

乱糟糟 luànzāozāo | messy

不禁 bùjīn | can't help (doing)

懒 lǎn | lazy

亲戚 qīnqi | relatives

扑通 pūtōng | to fall into (the water with a pump)

钻 zuān | to drill

上当 shàngdàng | to be fooled

队伍 duìwu | team

练 习

一、请根据文章内容判断正误。

（　　　）1. 流沙河非常宽阔，连一只飞鸟也没有。

（　　　）2. 猪八戒在天上时是负责水军的将军，水里的情况比孙悟空更熟悉。

（　　　）3. 木叉行者打赢了沙和尚，让他陪唐僧一起去西天取经。

二、请按照故事的发展顺序排列。

A. 唐僧正在水边，突然一个丑陋的妖怪冲过来要抓走他。

B. 木叉行者让妖怪沙悟净出水，拜见唐僧。

C. 猪八戒第二次引妖怪，妖怪坚决不肯离开水面。

D. 猪八戒到水里刚把妖怪引上来，又被孙悟空吓回去了。

第四章 厉害的道士们

一　偷吃人参果（上）

去西天的路上，有一座高山叫万寿山(Wànshòu Shān)。这座山雄伟壮丽，路两边都是几百年的大树，树下开满了美丽的鲜花，山顶上有一座道观。道观里还有一棵神树——人参果树，这棵树三千年开一次花，三千年结一次果，每次只有30个果子，传说吃了这个果子的人就可以长生不老。这一天，道观的主人镇元大仙(Zhènyuán Dàxiān)对他的两个徒弟清风(Qīngfēng)、明月(Míngyuè)说："这两天我要去拜访几个朋友，我带两个人参果(Rénshēnguǒ)作为礼物送给他。我走的时候，去西天取经的唐僧会路过我们道观，他是观音菩萨的朋友，你们要客客气气地招待他，在树上摘两个人参果请他吃。但是他那几个徒弟不是什么好东西，你们一定要注意。"说完就腾云驾雾，离开了道观。

没过几天，唐僧师徒四人就到了这座道观，按照镇元大仙的安排，清风、明月客客气气地请唐僧他们住下来，去树上摘了两个人参果请唐僧吃。人参果虽然是水果，但是却长成一个小孩子的样子，唐僧看了很害怕，不敢吃。清风、明月觉得唐僧胆子又小又不认识宝贝，既然唐僧不吃，他们就自己偷偷吃掉了。猪八戒看到那个果子，馋得直流口水，把孙悟空叫过去说："师兄，你看那个人参果多好吃啊，你就算是齐天大圣，也没吃过这么好吃的果子吧。要不，我们也去弄几个吃吃？"孙悟空听猪八戒这么一说，也觉得他们师徒一共四人，道观却只给他们两个人参果，太小气了。于是决定再去偷几个给猪八戒和沙和尚尝尝。

孙悟空偷偷跑到后院，后院的大门紧锁，孙悟空用金箍棒轻轻一碰，锁就开了。走进去一看，只见一棵非常高的古树，立在花园的中央，那树上一闪一闪的，都是长得像小娃娃的果子。孙悟空一下子跳到了树上，想着："这棵树这么高，我就像当年在蟠桃园一样，摘一个人参果扔在地上，然后再一起带回去。"于是用金箍棒轻轻一打，一个人参果就掉了下去，但是刚碰到树下的土地，一下子不见了。孙悟空很奇怪，赶紧从树上跳下来，明明看见刚才掉在这里的，却什么也没有。孙悟空觉得肯定是被地下的小神仙——土地爷给偷走了，于是大喊了一声："齐天大圣在这里，土地爷赶紧出来！"

土地爷赶紧跳出来说："齐天大圣，我来了我来了，找我有什么事情吗？"

孙悟空说："我刚才打落了一个人参果，还没吃就不见了，是不是你把它给偷走了？"

土地爷说道："我哪里敢偷吃这种宝贝啊，您不知道，这人参果可神奇了，碰到土地就钻进去，碰到水就会消失，碰到木头就会干，想要吃它，必须用丝绸或者漂亮的瓷器装着才行。"

孙悟空明白了，于是他用身上的衣服接着打下来的人参果，一共打了三个，他和猪八戒、沙和尚，一人一个。猪八戒看到人参果，早就等不及了，一口就吞了下去，结果什么味道也没尝出来。他看着孙悟空、沙和尚慢慢吃，就更馋了，请求孙悟空再帮他去摘几个尝尝。这回孙悟空拒绝了，说："你也知道这个人参果是宝贝，还吃那么快，万一再偷被人发现了就麻烦了。"猪八戒有点沮丧，只好离开房间，一边走一边说："人参果只吃一个哪里够啊，什么味道都没吃出来。猴子真小气。"没想到这句话被路过的清风听见了。清风突然想起镇元大仙跟他说过一定要小心唐僧的几个徒弟，心里暗叫一声"不好！"

注释

土地爷　Tǔdìyé

土地爷是中国道教和民间信仰中保护一个地方的小神。

本级词:

雄伟 xióngwěi | grand

拜访 bàifǎng | to visit

只见 zhǐjiàn | only to see

中央 zhōngyāng | center, middle

明明 míngmíng | obviously

超纲词:

壮丽 zhuànglì | glorious

山顶 shāndǐng | mountain top

路过 lùguò | to pass by

招待 zhāodài | to entertain

胆子 dǎnzi | courage

小气 xiǎoqì | stingy

娃娃 wáwa | baby

丝绸 sīchóu | silk

瓷器 cíqì | porcelain

吞 tūn | to swallow

练 习

一、请根据文章内容判断正误。

（　　）1. 唐僧觉得人参果看起来不好吃，所以决定不吃。

（　　）2. 镇元大仙原计划送给唐僧的两个人参果，结果被猪八戒和孙悟空偷吃了。

（　　）3. 孙悟空用金箍棒打落在地上的人参果被土地爷藏了起来。

二、请按照故事的发展顺序排列。

A. <u>猪八戒</u>说<u>孙悟空</u>太小气，不多偷一点人参果，没想到被<u>清风</u>、<u>明月</u>听到了。

B. <u>孙悟空</u>去后花园偷了三颗人参果。

C. <u>唐僧</u>不敢吃人参果，被<u>清风</u>、<u>明月</u>自己吃掉了。

D. <u>镇元大仙</u>让自己的两个徒弟摘两个人参果招待<u>唐僧</u>。

二　偷吃人参果（中）

清风听见猪八戒一边走一边说什么"人参果只吃一个哪儿够？"心里突然想起师父的话，赶紧问一旁的明月："你听见那个猪脸和尚说的话了吗？赶紧去看看人参果！"

明月听了也心里一惊，他连忙和清风赶到后花园，发现花园的门被打开了，再仔细数数树上的人参果，还有22颗。赶紧问清风："你数学怎么样？果子的数量对不对？"

清风算了一下，说："人参果一共结了30个，师父带给朋友两个，我们给唐僧两个，应该还剩26颗，可是你看，现在树上只剩下22个，少了4个，一定是被那四个和尚偷了！走，我们去找他们！"

清风和明月来到唐僧面前，非常不客气地说："大唐和尚，我们师父尊敬你，说你是有文化的人，让我们客客气气地招待你，可是为什么我们亲自送给你的果子不吃，却要去偷我们人参果！"

唐僧一听，觉得莫名其妙，急忙解释道："你们两位先不要着急，不要生气。人参果我看着就害怕，怎么可能去偷着吃呢。再说，我们做和尚的，做人干干净净，是绝对不允许偷别人东西的。"

明月说："就算你不偷，你怎么能保证你那几个徒弟不去偷呢？我刚才还听见那个胖和尚说一个人参果还没吃饱呢！"

唐僧想了想，就把孙悟空、猪八戒和沙和尚叫过来，问他们具体的情况。孙悟空老实地说："师父，人参果是我摘的，猪八戒听说人参果好吃，就让我去树上摘了3个，我们一人一个。现在都吃完了，要不我们赔钱吧。"清风听了更生气了，骂道："你这个骗人的猴子！你明明摘了四个！还撒谎说偷三个，真不要脸！再说，那人参果树要六千年才结30个果子，你们四个穷和尚赔得起吗？"猪八戒一听也急了，跟着骂孙悟空："好啊好啊，你原来偷了4个，还骗我说只有三个，你肯定自己又多偷了一个藏起来，快拿出来给我，我还没吃饱呢。"明月也跟着骂孙悟空："你这个猴子撒谎！不干净！偷别人东西，还骗自己人！不要脸！"

孙悟空从出生到现在，还从来没有被人这么骂过，即使当年大闹天宫的时候，玉皇大帝也不敢说他不要脸。这么一骂，孙悟空的猴脾气起来了，就用了个分身法，让假身子站在面前被别人骂，真身飞到人参果树上，说："好啊，让你们骂我，我干脆把这树给推到了，让你们谁都吃不到！"说完把金箍棒插在土里，把人参果树整个推倒了。那些剩下的人参果掉到土里，全都不见了。

清风和明月在那里骂了半天，孙悟空的假身在那里一句话也不说。清风想："这猴子被我们骂了这么久，也不解释一下，不会真的只偷了三个吧。也许树大叶子多，我们不小心少数了一个？"于是就拉着明月走出了房间，去后花园再仔细数一遍。

到后花园一看，却吓呆了，人参果树倒在地上，根都从土里拔出来了。明月当时就吓哭了。清风说："这肯定是孙猴子干的！他们四个人，我们才两个，打肯定打不过，我们把他们锁起来，等师父回来再找他们算账。"

清风和明月回到唐僧的房间，听到唐僧正在里面责怪徒弟们不应该偷别人的东西，就赶紧把门一关，从外面把门给锁上了。

本级词：

颗 kē | a measure word for fruits
剩下 shèngxià | to remain
赔 péi | to compensate
骗 piàn | to cheat

即使 jíshǐ | even if
全都 quándōu | all
一句话 yíjùhuà | in a word

超纲词：

莫名其妙 mòmíngqímiào | without rhyme or reason
允许 yǔnxǔ | to permit
就算 jiùsuàn | even if

撒谎 sāhuǎng | to tell a lie
藏 cáng | to hide
身子 shēnzi | body

练 习

一、请根据文章内容判断正误。

（　　　）1. 清风、明月觉得唐僧四人一共偷了4颗人参果。

（　　　）2. 孙悟空因为被清风、明月骂做"小偷"，犯了"猴脾气"，把他
们俩打死了。

（　　　）3. 人参果树被推倒之后，清风、明月决定立刻找师父报仇。

二、请按照故事的发展顺序排列。

A. 孙悟空跑去后花园把人参果树推倒了。

B. 清风、明月到后花园，数来数去少了四个人参果。

C. 孙悟空说他只偷了三个。

D. 清风、明月把师徒四人关在了房间里。

三　偷吃人参果（下）

　　清风和明月从外面把师徒四人锁在房间里面。唐僧很着急地说："哎呀，这可怎么办，我们出不去了！"孙悟空笑着说："师父您别担心，这把小锁哪能锁得住我们？等晚上再说。"到了晚上，等清风、明月睡着的时候，孙悟空用金箍棒轻轻一碰，锁就打开了。师徒四人悄悄地离开了道观。

　　第二天一早，镇元大仙回到了道观，看到人参果树被推倒了，清风和明月把事情的前前后后告诉了他，他非常生气，决定亲自来捉唐僧他们。很快就追上了，孙悟空和他在天上打了半天，也打不赢他。镇元大仙把他的大袖子打开，忽然就刮起了一阵大风，把孙悟空、猪八戒他们四个人全部装进去了。猪八戒和孙悟空在袖子里打来打去，但是衣服是软的，怎么也打不开。就这样四个人又被重新抓了回去。

　　镇元大仙把四个人捆起来，生气地说："唐三藏，我们都是观音菩萨的朋友。你路过我这里，我好心请你吃人参果。你不吃也就算了，但你为什么让你的徒弟推倒我的人参果树！这棵神树已经活了三万年，你们怎么赔！今天我必须要教训教训你，清风，先用鞭子打唐三藏三十下！"

　　孙悟空一听，连忙说："老道士，没有道理啊，偷果子的是我，推倒树的也是我，你应该打我啊，打我师父做什么呢？还是先打我吧。"于是清风、明月拿起鞭子打了孙悟空三十下，可是孙悟空有法术，根本就不怕打。清风打得手都疼了，孙悟空还笑嘻嘻地说："再多来两下，按摩得很舒服呢！"镇元

大仙看了很生气，说："既然孙悟空不怕鞭子，我们就用油锅炸他！"明月架起一口大油锅，里面烧了满满的油，刚想把孙悟空放进去。没想到孙悟空变成个石狮子，"嘭"的一声，油锅被砸坏了，明月的手也烫伤了。孙悟空飞到半空，大笑道："哈哈哈！老道士，你这锅质量不行啊，当年我可在太上老君的炉子里炼过七七四十九天呢，你这炉子火不够大，哈哈哈。"

镇元大仙也飞到空中，一手抓住孙悟空说："孙悟空，我知道你的本事，我也拿你没办法。但是你推倒我的人参果树，不管怎样你都是没有道理的。你要是能救活我的树，我就当什么都没有发生。你要是救不活这棵树，就算你能走，我也不可能放唐僧去西天取经的。"孙悟空听了，觉得镇元大仙的话有道理，点了点头说："好，我救活你的人参果树，你就放我们走。"镇元大仙拉住孙悟空的袖子说："一言为定。"

孙悟空飞到天宫，去找他过去的一些老朋友。老朋友们告诉他，人参果树是一种仙树，一般人都没有本事救活，但是观音菩萨有起死回生的本事，也许她有办法。孙悟空只好来到观音菩萨那里，菩萨已经知道了事情的经过，对孙悟空说："我就知道你有猴脾气，所以让唐僧给你戴上了紧箍咒，没想到你还是干了坏事。"孙悟空也很后悔，说："我下次再也不做这么冲动的事情了，菩萨，您就帮帮我吧，不然师父也没办法去西天取经了。"观音菩萨原谅了他，和孙悟空一起去了镇元大仙那儿，孙悟空向镇元大仙道了歉，菩萨用她瓶子里的仙水救活了人参果树，落在土里的果子也都重新回到了树上。数一数，刚好二十三个。

本级词：

软 ruǎn | soft
按摩 ànmó | to massage
锅 guō | pot

再也（不）zàiyě | never
冲动 chōngdòng | to be impetuous

超纲词:

刮 guā | (wind) to blow
袖子 xiùzi | sleeve
捆 kǔn | to bind up
鞭子 biānzi | whip
炸 zhá | to deep-fry

烫 tàng | hot
一言为定 yìyánwéidìng | that's settled then
原谅 yuánliàng | to forgive
道歉 dàoqiàn | to apologize

练 习

一、请根据文章内容判断正误。

（　　　）1. 孙悟空他们逃出道观没多久，就迷路了，又回到了道观。

（　　　）2. 孙悟空变成一个石狮子，把镇元大仙的油锅砸坏了。

（　　　）3. 最后是玉皇大帝救活了人参果树，让孙悟空不要再找麻烦了。

二、请按照故事的发展顺序排列。

A. 镇元大仙同意只要能救活人参果树，就放唐僧走。

B. 镇元大仙用各种办法惩罚孙悟空，孙悟空一点儿也不怕。

C. 孙悟空请观音菩萨救活了人参果树。

D. 孙悟空他们逃到半路，被镇元大仙抓了回来。

四　车迟国斗法（上）

　　师徒四人在前往西天取经的路上，有一天来到了一个叫车迟国的国家。他们发现这里的情况很奇怪，和尚都在辛辛苦苦地干活儿，而道士们却坐在椅子上，管理着和尚。孙悟空他们四个人也是和尚，看着这一切非常生气，就问一个小和尚这到底是怎么一回事。

　　小和尚说："前些年这里天气干旱，不知道从哪里来了三个道士，分别叫作虎力大仙、鹿力大仙和羊力大仙。国王就派我们和尚和道士一起求雨，结果和尚求了半天也不下雨，而道士不知道有什么本事，一求就下雨了。从此国王觉得和尚只会浪费粮食，而没有什么真本事，就让那些和尚给道士做苦工。"孙悟空听了很生气，决心帮助这里的和尚赶走那三个道士。

　　孙悟空他们走进车迟国的首都，住在一家饭店里。半夜的时候，孙悟空睡不着，就飞到半空中去看看风景，远远地看见皇宫的道观里那三个道士正在烧香拜道教的祖师爷，孙悟空想了个主意，就把猪八戒和沙僧喊起来，说："走，我们吃东西去！"猪八戒一听有吃的，立刻就醒了。他们一起飞到道观的上空，孙悟空吹一口气，刮了一阵大风。那些道士以为要下雨，急忙离开了道观。然后孙悟空他们三个人从天上下来，把道观里的供品都吃了。没想到有一个小道士为了找东西又回来了，听见孙悟空他们在里面一边吃东西一边说话，吓得他赶紧喊虎力大仙到道观里看看。孙悟空一看三个道士都来了，来不及走了，只好变成道教祖师爷太上老君的样子，骗他们说："你们这些道士一片真心感动了我们，今天特地来你们这里看看。"虎力大仙说："祖师爷啊，您难得到我们这里，请您一定给我们一点宝贝圣水吧！"孙悟空哪里有什么圣水，只好让他们关起门，三个人在杯子里撒了泡尿给他们。虎力大仙他们一喝，感觉味道不太对。这时，孙悟空变回本来的样子，笑话他们说："这个圣水味道怎么样啊！哈哈哈！"说完就带着猪八戒他们飞走了。

第二天唐僧带着徒弟们到皇宫里拜见国王，虎力大仙他们是国王的国师，坐在国王的边上，一看见来的正是昨晚捉弄他们的孙悟空，气得眼睛都要冒火，连忙让国王杀了唐僧他们。恰好这时候，门外面有老百姓希望国王为他们求雨，国王就对孙悟空说："我这个人最讨厌和尚，不过你们既然能从那么远的大唐过来，应该也有些本事，那就和我的国师们比一比求雨吧！要是你们不能让老天爷下雨，我就杀了你们。"唐僧说："我不会求雨啊。"孙悟空在唐僧耳边低声说："您别怕，到时候您只要坐在上面念经就行，下雨的那些神仙我都认识。"唐僧这才放心，答应了车迟国国王。

唐僧就和虎力大仙来到求雨坛。虎力大仙先开始表演法术，过了一会儿，地上开始刮风，马上就要下雨了。孙悟空一看不对，急忙飞到天上去看看，原来管下雨的龙王和雷神、电母他们都在那里，孙悟空急忙让他们停下来，说："你们这些天上的神仙，为什么听那个道士的命令？"龙王不好意思地说："那个道士好像和玉皇大帝认识，平时也给了我们不少礼物，他要下雨，我们也只好过来帮忙了。"孙悟空生气地说："今天你们不许帮他，只有看到我在地上举起金箍棒了，才能刮风下雨。"那些神仙都知道五百年前大闹天官的孙悟空的本事，谁也不敢说一个"不"字。结果虎力大仙在底下又烧香，又跳舞，弄了半天一滴雨也没有下，只好从求雨坛上下来了。唐僧坐上求雨坛之后开始念经，过了一会儿，孙悟空把金箍棒往天上一指，说："闪电！"天上的电母赶紧放出闪电。孙悟空接着说："打雷！"雷公赶紧打起他的大鼓。最后孙悟空金箍棒向上一指，很酷地说："下雨！"天上的龙王赶紧打开水壶，底下哗哗地下起了大雨。

没能求到雨，虎力大仙不服输，说："有本事我们再比砍头！"孙悟空笑着说："好啊好啊，先砍我的头。"于是国王的卫兵一刀把孙悟空的头砍了下来，只看到<u>孙悟空</u>的头在地上到处转，肚子里喊了一声："头来！"他的头就又和身子合到一起去了，一点事情都没有。轮到<u>虎力大仙</u>去砍头了，<u>虎力大仙</u>也不怕，他的头砍下来也和<u>孙悟空</u>一样，在地上到处转。但是<u>孙悟空</u>拔了一根猴毛变成一只大黄狗，咬着他的头跑了。<u>虎力大仙</u>找了半天找不到自己的头，就这样死了。

本级词：

冒 mào | to emit

讨厌 tǎoyàn | to hate

不许 bùxǔ | not allow

鼓 gǔ | drum

超纲词：

干旱 gānhàn | drought

国王 guówáng | king

皇宫 huánggōng | imperial palace

道教 Dàojiào | Taoism

供品 gòngpǐn | tribute

捉弄 zhuōnòng | to tease

恰好 qiàhǎo | exactly right

念经 niànjīng | to recite or chant Buddhist scriptures

坛 tán | altar

烧香 shāoxiāng | burn joss sticks

酷 kù | cool

水壶 shuǐhú | kettle

砍 kǎn | to chop

卫兵 wèibīng | guard

练 习

一、请根据文章内容判断正误。

（   ）1. <u>孙悟空</u>和<u>猪八戒</u>他们在<u>车迟国</u>变成<u>如来佛祖</u>的样子戏弄了<u>虎力大仙</u>。

（   ）2. <u>虎力大仙</u>和<u>玉皇大帝</u>认识是他求雨成功的重要原因。

（   ）3. <u>虎力大仙</u>因为求雨失败，最后被国王杀掉了。

二、请按照故事的发展顺序排列。

　　A. 虎力大仙要和唐僧比赛求雨。

　　B. 孙悟空和猪八戒半夜变成太上老君的样子，戏弄了车迟国的国师。

　　C. 师徒四人发现车迟国的和尚都在做苦力。

　　D. 在比赛砍头时，虎力大仙的头被大黄狗咬走后死了。

五　车迟国斗法（下）

　　虎力大仙就这样死了，鹿力大仙非常生气，要接着和唐僧比赛隔着柜子板猜里面放的东西。皇帝亲自把一颗大桃子放在柜子里，让他们猜。孙悟空变成一个小虫子飞到柜子里，发现是个桃子，干脆就把桃子吃了，飞出来对唐僧说："师父，您就猜这是一个吃过的桃子。"唐僧说："这不大可能吧？"孙悟空说："师父您尽管放心！"唐僧正要开口猜，羊力大仙先开了口："我先来猜，这是一颗鲜美的桃子。"唐僧说："这不是新鲜的桃子，而是一颗被吃过的桃子，只剩下桃核了。"桃子是国王亲手放的，他当然以为是唐僧输了，没想到柜子门一打开，里头果然是个桃核，桃子已经被全部吃完了。

　　鹿力大仙一看这轮比不过，更生气了，要和孙悟空比残忍地打开肚子。孙悟空才不怕这个，自己坐到一边，拿起一把大刀把自己的肚子打开，还把自己的肠子拿出来洗一洗，说："前两天吃了不干净的东西，有点拉肚子，我把肠子洗洗干净就没事了。"洗干净后又放回肚子里，吹了一口气，就恢复了原样，连刀割的痕迹都没有。轮到鹿力大仙了，他也拿出一把刀打开了自己的肚子，正准备和孙悟空一样把肠子拿出来的时候，孙悟空用一根汗毛变成了一只老鹰，从天上飞下来，把鹿力大仙的心给抓走了，鹿力大仙缺少了心就没法合上自己的肚子，没一会儿，他就死了。

　　最后一个羊力大仙还不服输，要比更厉害的——下油锅洗澡。国王叫人拿了一口大油锅，把油烧热了，嘟嘟地冒泡。唐僧他们在人参果那儿就知道孙悟空不怕下油锅，所以大家都不担心。羊力大仙要孙悟空先下，孙悟空在热油里烫了半个小时，就像泡澡一样，舒服得很。轮到羊力大仙的时候，只见他也不慌不忙地下了油锅，一点也不难受。孙悟空用他的火眼金睛一看，发现油锅的底下有一条冰龙在帮他，所以油是冷的。孙悟空知道所有的冰雪之龙都是北海龙王管的，于是他飞到空中把北海龙王叫来："你怎么能让你的小冰龙帮助这个妖怪呢，快把他抓回来！"北海龙王赶紧解释道："大圣，这条小冰龙是羊力大仙自己养的宠物，其实也不是我管理的。不过我是所有冰龙的王，我这就把它收回来。"说完，北海龙王变成一阵大风飞到油锅边上，抓走了羊力大仙的小冰龙。没一会儿，锅里的温度越来越高，孙悟空一看，羊力大仙在油锅里打了几个滚，再也爬不起来了。

车迟国的国王一看唐僧这些和尚非常厉害，才明白自己以前那样迫害和尚是不对的，立刻命令放了所有的和尚，从此更加尊敬佛教了。孙悟空他们救了这里的和尚，也离开了车迟国，继续西天取经的历险。

本级词：

柜子 guìzi | cabinet   尽管 jǐnguǎn | although

猜 cāi | to guess   恢复 huīfù | to recover

超纲词：

鲜美 xiānměi | delicious   痕迹 hénjì | trace

核 hé | nucleus   轮到 lúndào | to take turns

亲手 qīnshǒu | in person   不慌不忙 bùhuāng-bùmáng | unhurriedly

肠子 chángzi | gut   宠物 chǒngwù | pet

拉肚子 lā dùzi | diarrhea   迫害 pòhài | to persecute

割 gē | to cut

练 习

一、请根据文章内容判断正误。

（   ）1. 皇帝一开始在柜子里放了一个核桃让唐僧去猜。

（   ）2. 鹿力大仙的心被一只老鹰抓走，然后死了。

（   ）3. 孙悟空打死了羊力大仙的小冰龙，所以羊力大仙被烫死了。

二、请按照故事的发展顺序排列。

A. 西海龙王喊走了羊力大仙的小冰龙，羊力大仙也死了。

B. 孙悟空变成一只虫子，把柜子里的桃子吃了。

C. 孙悟空让一只老鹰抓走了鹿力大仙的心，鹿力大仙死了。

D. 孙悟空拉开自己的肚子，还把肠子洗了洗。

第五章 降妖伏魔去西天

一 三打白骨精（上）

唐僧师徒四人有一天走进一座荒无人烟的大山，一连走了三天也没有看见一户人家。到了中午，快走到山顶了，唐僧实在是饿得受不了，他对孙悟空说："徒弟啊，我又渴又饿，你还是赶紧去找点吃的吧。"孙悟空看看这座山，回答道："师父，这座山我们已经走了三天三夜，也没看到一个人，你让我去哪里给你找吃的呢？"

唐僧听了心里不高兴，骂道："你在五行山下压了五百年，要不是我救你出来，你现在还饿着呢。我再不吃东西，山顶都爬不上去了，还怎么去西天取经啊。"一旁的猪八戒也跟着说："是啊是啊，我也快饿死啦，你总说我老猪懒，现在师父喊你去找点吃的，你怎么比我还懒啊？"

孙悟空只好说："那你们在这里等着，我飞得快，去远处看看有没有什么吃的。八戒、沙和尚，这座山又大又深，还没有人，搞不好会有妖怪，你们一定要保护好师父。"说完就一个筋斗云飞到远处找吃的了。

其实从师徒四人进山开始，就有一个厉害的白骨精一直在后面跟着他们。妖怪们都知道吃了唐僧的肉可以长生不老，但是她知道孙悟空很厉害，一直没敢动手。现在看到孙悟空走了，白骨精赶紧变成一个大美女，抓了几块石头变成香喷喷的馒头，向唐僧走来。

　　猪八戒眼睛好，远远就看见一个美女走过来，赶紧对唐僧说：“师父，师父，有人来了，您闻到馒头的味道了吗？”这时，美女给唐僧行了一个礼说：“这位大和尚，您是要去哪儿啊？”

　　唐僧说：“我是唐朝来的和尚，带着几个徒弟去西天取经的，这位女士，你怎么会在这荒山里啊？”

　　白骨精回答道：“我家就住在山下，我丈夫在前面种地，我去给他送饭的。不过现在既然几位大师父都还没有吃饭，要不这些馒头就给你们先吃吧，我待会儿重新做了再给我丈夫送去。”

　　猪八戒听了口水直流，急忙跟唐僧说：“师父师父，你看那个猴子找吃的现在还没回来，肯定是自己先吃了然后再带一些剩的给我们。您看这些大馒头多可爱啊，我们不吃实在太可惜了。”唐僧也肚子饿得咕咕叫，可是还有些不好意思。那妖怪看出唐僧的心思，赶紧说：“没关系没关系，我一会儿给我丈夫重新做，而且我和我丈夫好多年都没有孩子，你们是出家人，给你们吃也许佛祖就保佑我能有个孩子呢。”

　　听妖怪这么一说，唐僧也觉得这个女人是一片诚心，正打算接过篮子的时候，刚好孙悟空找了吃的回来了。孙悟空的火眼金睛在天上一眼看出那个女的是个妖怪，他大喊一声：“妖怪！不许伤害我师父！”从天上一棒打在妖怪的脑袋上。那个妖怪也挺有本事，用了一个假的尸体留在那里，真正的魂跑掉了。

唐僧一看地上躺着女人的尸体，吓了个半死，对孙悟空说："你……你怎么把这个女人打死了？她是来给我们送吃的！我们和尚不能伤害生命，你违反戒律，不能做我的徒弟了！"

孙悟空赶紧解释道："师父，这是个妖怪，你们看不出来，我找了很久才在这座山里找到一些野桃子，带给你们吃。这种大山里连路都没有，怎么可能有人住在这里，还送馒头给你们吃呢？"再一看，篮子里的馒头，都是一些石头。这下猪八戒可受不了了，说："你这个臭猴子，打死这么漂亮的小姑娘，还把她的馒头变成石头，让我们跟你吃野桃子，你就是故意想饿死我们啊！"唐僧听猪八戒这么一说，也越想越生气，就念起了紧箍咒。孙悟空头疼得在地上打滚，赶紧向唐僧说："师父我错了，我再也不敢这么做了。"唐僧说："看在你跟我这么长时间，我只能原谅你这一次，下次再发生这种事情，你就不再是我的徒弟了。"

本级词：

远处 yuǎnchù | (in the) distance

动手 dòngshǒu | to fight

礼 lǐ | manner

剩 shèng | to remain, to be left

可惜 kěxī | pity

看出 kànchū | to recognize

超纲词：

荒无人烟 huāngwú-rényān | desolate and unihabited

香喷喷 xiāngpēnpēn | appetizing

心思 xīnsi | mind, thought

出家人 chūjiārén | monk

保佑 bǎoyòu | to bless

魂 hún | soul

尸体 shītǐ | dead body

戒律 jièlù | commandment

野 yě | wild

练 习

一、请根据文章内容判断正误。

（　　　）1. 白骨精一直等孙悟空走了以后才变成女子骗唐僧。

（　　　）2. 猪八戒为了吃篮子里的馒头，变成了妖怪的丈夫。

（　　　）3. 孙悟空打死白骨精之后，唐僧非常高兴。

二、请按照故事的发展顺序排列。

A. 孙悟空赶回来一棍子打死了白骨精变的女人。

B. 唐僧很生气，念紧箍咒惩罚孙悟空。

C. 白骨精变成一个美女给唐僧送馒头吃。

D. 孙悟空决定飞到远处去找些吃的。

二   三打白骨精（下）

白骨精的第一次计划被孙悟空破坏了，虽然心里很生气，但是想到只要吃一口唐僧的肉就可以长生不老，就决定再试一次。这一回，白骨精变成一个八十岁的老婆婆，手里拿着拐杖，一边走一边喊："女儿啊，女儿啊"，看到唐僧四个人就赶紧走过来，问唐僧："四位大师父，你们在来的路上看到我的女儿了吗？她去给丈夫送饭，结果到现在还没回来呢。"

猪八戒一听，连忙低声对唐僧说："坏了坏了，猴子刚才打死的是她的女儿啊，那我们怎么办啊，总不能说人已经被我们打死了吧。"唐僧一时也不知道该怎么说才好。这个时候孙悟空从后面冲过来，他一眼就看出来，这个老婆婆也是妖怪变的。于是又拿出金箍棒一棍子把这个老婆婆给打死了。那个妖怪一看孙悟空冲过来就知道事情不好，于是赶紧又做了一次法术，把假的尸体留下来，自己逃跑了。

唐僧还没来得及说话，猪八戒又一下子叫了起来："哎呀呀，你刚才把人家女儿给打死了，这会儿怎么又把她妈妈也一起打死了啊！"孙悟空还没来得及解释，唐僧就对孙悟空说："你已经是第二次犯了这样的错误了，我们出家人是绝对不能杀人的，你走吧，不要做我的徒弟了，不然我要念紧箍咒了。"

孙悟空说："师父，你们都没看出来，这个老婆婆和刚才那个美女都是同一个妖怪变的，她一路上都想害我们呀。如果一定要赶我走，请你先把我头上的金箍拿下来，不然我戴着这个怎么回花果山呢？"

唐僧说："你头上这个金箍是观音菩萨给我的，她只教我怎样给你戴上，没有教我怎么样拿下来。这样吧，你已经犯了两次错误了，如果再犯第三次，我无论如何都不能留你了。"

第三次，白骨精又变成一个老头子，在不远的路上等着唐僧，这下孙悟空变聪明了，他没有直接拿出金箍棒，而是直接走上去一手抓住那个老头子说："老人家，您这是要去哪儿啊？"那个妖怪一看被孙悟空抓住了，没法逃跑了，只好对着唐僧喊："师父，你们看到我的女儿和老太婆了吗？他们刚才都出去了，一直到现在还没有回来呢，我很担心啊，你们没有伤害他们吧。"唐僧惭愧地没有说话。听了这话，孙悟空很生气，说："妖怪！你已经变了三次来害我师父，再让你逃走，我就不是孙悟空了！"于是拿出金箍棒，一棒把妖怪给打死了。那个妖怪原来是一堆白骨。

唐僧并没有看出老人是妖怪。只看见孙悟空把一家三口都打死了，觉得孙悟空不听管教，这样的性格没有办法再和他一起去西天取经了，于是拿出一张纸写了一份《绝交书》，对孙悟空说："你走吧，你已经三次违反了戒律，我不再是你的师父，你也不再是我的徒弟了。"孙悟空听了非常伤心，说："你让我走，以后谁来保护您去西天？谁能帮您打那些妖怪呢？"唐僧说："就算没有你，猪八戒和沙和尚也可以保护我去西天。你放心吧，我不能把你的金箍拿下来，但你不再是我的徒弟，我从此以后也不会再念这个紧箍咒。"孙悟空看唐僧这么坚决，虽然心里非常舍不得，但是也没有办法，只好离开了唐僧，一个筋斗云回到了花果山。

本级词：

害 hài | to do harm to | 堆 duī | a heap of

超纲词：

拐杖 guǎizhàng | walking stick | 惭愧 cánkuì | to be ashamed of
一时 yīshí | at the moment | 管教 guǎnjiào | to discipline
无论如何 wúlùn-rúhé | anyhow | 绝交 juéjiāo | to break off relation

练 习

一、请根据文章内容判断正误。

（　　　）1. 白骨精第二次变成了女子的丈夫去骗唐僧。

（　　　）2. 孙悟空为了不让唐僧赶他走，要求唐僧帮他取下金箍才肯回花果山。

（　　　）3. 孙悟空被唐僧赶走之后，白骨精成功地抓到了唐僧。

二、请按照故事的发展顺序排列。

A. 唐僧把孙悟空赶回了花果山。

B. 孙悟空要唐僧取下金箍才肯回花果山。

C. 白骨精继续变成一个老婆婆，又被孙悟空打死了。

D. 白骨精又变成一个老头子，被孙悟空一棍子打死了。

三　唐僧遇难宝象国（上）

把孙悟空赶走之后，唐僧带着两个徒弟继续西行。肚子饿了就让猪八戒去找东西吃。可是猪八戒还没走多远，又饿又累，就在一棵大树下睡着了。唐僧只好让沙和尚再去找猪八戒。沙和尚走不快，去了很久也没有回来。唐僧自己去找沙和尚，就这样慢慢在大山里迷了路。正在又累又饿的时候，唐僧忽然看见远处有座金光闪闪的宝塔，下面还有一座漂亮的房子，就赶紧过去看看，没想到这竟然是另一个妖怪的家。妖怪一看唐僧居然自己送上门来了，非常高兴，立刻就命令小妖怪们把唐僧抓起来，打算做成人肉包子吃。

沙和尚找了半天，终于在大树下找到了睡觉的猪八戒。他们回到原来的地方找唐僧，却发现他已经不见了。还是沙和尚眼睛好，看到远处金光闪闪的宝塔，对猪八戒说："我估计师父应该也是看到那座宝塔，去那里找吃的了，我们也去那儿吧。"

两个人到了宝塔那儿，一看大门，原来是一个妖怪的家，心想："不好，师父一定是被妖怪抓起来了。"刚好妖怪也看见猪八戒和沙和尚过来，决定把他们俩也抓起来一起做人肉包子。这三个人就打了起来，那个妖怪还是有些本事，和猪八戒、沙和尚从天上打到地上，乒乒乓乓打了三个小时，也没分出输赢。

妖怪正在外面对付猪八戒、沙和尚的时候，妖怪的老婆悄悄来到唐僧的身边，原来她是不远处山下宝象国的公主，因为妖怪喜欢她，几年前用法术把她抓过来做了老婆，但是她听说唐僧他们还要向西走，就请唐僧路过宝象国时让她父亲带着军队来救她出去。唐僧答应了。

那个妖怪的夫人来到门口，对妖怪说："别打了，别打了，快回来，我有事情和你商量。"那个妖怪虽然挺厉害，但是却非常爱自己的老婆。老婆一喊他，他就对猪八戒说："今天不打了，我老婆喊我有事情。"说完就回去了。猪八戒、沙和尚也打累了，刚好休息休息。

宝象国公主对妖怪说："我们结婚很多年了，一直没有孩子，昨天我做了

一个梦，说一个大和尚会从东方来，说不定能给我带来一个孩子。你今天是不是抓到一个和尚啊？"妖怪点点头，妖怪的老婆接着说："你平时喜欢吃人，你不会也想把那个和尚给吃了吧。"那妖怪说："既然夫人觉得那个和尚不一般，那我就放他走吧，也许他真能给我们带来一个孩子呢。我想吃人的时候，再抓一个不就行了。"说完就让手下放了<u>唐僧</u>。<u>唐僧</u>从后门出去，刚好看见<u>猪八戒</u>在那里休息，赶紧迎上去，三个人抓紧时间继续往西。

果然没走多远，下了山就到了<u>宝象国</u>。<u>唐僧</u>见到了<u>宝象国</u>的国王，把公主的信交给国王。国王当时就<u>流泪</u>了，说："几年前，我的女儿被一个妖怪给抓走了，到现在都没有消息，我还以为她已经被吃掉了，现在才知道她还活着，我一定要想办法救她出来。"说完看着自己的那些大臣们："你们谁有本事带兵杀了那个妖怪，把公主救回来？"底下的将军们没有一个敢说话。这时身边的<u>宰相</u>说："陛下，将军们不是不勇敢，可是他们都没有法术，没法和妖怪打啊。既然这几位<u>唐</u>朝来的和尚能平安地从妖怪那里出来，肯定是有本事的。我们就请他们带着军队去救公主回来吧。"

国王觉得很有道理，就请<u>猪八戒</u>、<u>沙和尚</u>做<u>宝象国</u>的将军，带着军队去救公主了。

超纲词：

宝塔 bǎotǎ | pagoda

乒乒乓乓 pīngpīng pāngpāng |
                  sound of crashing weapons

公主 gōngzhǔ | princess

军队 jūnduì | army

流泪 liúlèi | to weep, to shed tears

宰相 zǎixiàng | prime minister

练 习

一、请根据文章内容判断正误。

（　　　　）1. 唐僧突然想吃肉包子了，就主动走到了宝象国妖怪的家里。

（　　　　）2. 妖怪的老婆为了让唐僧给自己的父亲送信，劝那个妖怪主动放了
唐僧。

（　　　　）3. 为了救出自己的女儿，宝象国的国王请猪八戒当宝象国的将军。

二、请按照故事的发展顺序排列。

A. 宝象国的国王决定请猪八戒做将军救回公主。

B. 唐僧自己跑到了妖怪的家里。

C. 妖怪的老婆放走了唐僧。

D. 猪八戒和沙和尚打了半天也没有打过妖怪。

四　唐僧遇难宝象国（下）

　　猪八戒和沙和尚带着宝象国的军队，一路杀回那个妖怪的宝塔山^{Bǎotǎ Shān}。到了妖怪的家门口，严厉地喊道："妖怪，你几年前抓走了宝象国的公主，今天我要活捉了你，把公主带回去！"那个妖怪一听猪八戒要抢自己的老婆，脸都气红了，立刻拿出兵器和猪八戒打了起来。猪八戒本来就不是妖怪的对手，而且那个妖怪平时最受不了别人说他的老婆是抢来的，越打越狠，猪八戒眼看打不过，赶紧对沙和尚说："沙师弟……那个那个……我要上厕所，你先在这里顶一下！"说完就找了一个草堆躲了起来。沙和尚一下子没反应过来，被妖怪一脚踢倒在地上，抓走了。

　　跑了猪八戒，抓了沙和尚，妖怪回到家里，把他老婆喊过来，刚想打她却又忍住了，说："是不是你让唐僧给你父亲报信，让他们派军队来杀我？我娶你这么多年，哪一天对你不好？"沙和尚一看妖怪要杀公主，赶紧喊道："妖怪！和公主没关系！是我师父在宝象国看到公主的画像，想起在你这里见过公主，才告诉国王她在你这里的！"妖怪这才消了气，仔细想了想，对公主说："哎呀，我娶了你这么多年，都没有见过你父亲，确实是没有礼貌。我应该去宝象国见一见国王！"公主说："可是你是个妖怪啊，长得那么丑，我父亲不会同意我嫁给你的！"妖怪说："想好看还不容易？"说完就变成一个大帅哥，骑着猪八戒的马，到了宝象国。

　　来到宝象国，妖怪见了国王，说："我就是公主的丈夫，我根本不是什么妖怪，我是住在山里的王子，这个唐朝来的和尚才是妖怪，他其实是一个老虎精，他让另外两个妖怪把你们的军队都带到山里去，打算趁没人保护的时候吃了您，然后自己做国王！"说完他的手一指，用法术把唐僧变成一只大老虎。国王和大臣们都吓死了，赶紧把唐僧关起来，感谢妖怪救了他们。

　　猪八戒在草堆里一直躲到天黑才偷偷地跑回宝象国，结果一路上听老百姓说原来唐朝来的大和尚是老虎精，害了公主还要继续来害国王，那个什么沙和尚也被抓起来了。猪八戒一听不对，事情越来越糟糕了，他想来想去，只能去花果山，把孙悟空请回来。

猪八戒到了花果山，见到孙悟空，把唐僧被妖怪抓了变成老虎的事情都说了出来。孙悟空听了赶紧说："我走了以后，不是让你们好好保护师父的吗？妖怪抓师父，你们为什么不说我孙悟空的名字？"猪八戒赶紧撒了个谎，说："我说了啊，你猜那个妖怪怎么说，他说：'那个臭猴子有什么了不起，他要敢来，我把他一起做成烤猴子，分给小妖怪们吃！'"孙悟空气得哇哇叫，立刻带上猪八戒飞到了妖怪的宝塔山。

那个妖怪刚回到家，就看到孙悟空和猪八戒杀了过来，赶紧拿上兵器继续打了起来。没想到孙悟空比猪八戒厉害得多，没两下就感觉打不过了，于是赶紧往天上一飞，就不见了。

孙悟空一看妖怪在天上连个影子都看不见，凭他的经验，这妖怪对天上的路这么熟悉，肯定是天上的神仙偷偷跑下来的。于是他干脆直接飞到玉皇大帝那里。玉皇大帝一看他又来了，皱起眉头，说："孙悟空，你不是跟唐僧去西天取经了吗？怎么又来我这里了？"

孙悟空安慰他说："你放心，我不是来找你麻烦的，我在下面碰到一个挺厉害的妖怪，飞到天上一下子就不见了。估计是你们哪个神仙下去干坏事了吧，你好好检查一下，看看究竟是谁。"

玉皇大帝知道孙悟空的厉害，赶紧派人查。果然发现文曲星最近三天没有上班，赶紧把他喊来问问。文曲星一看到孙悟空，就全说了。原来宝象国的公主也是天上的仙女，她在天上时和文曲星偷偷谈恋爱。但是神仙不能恋爱，仙女只好先下界到人间，做了宝象国的公主。文曲星再下去变成妖怪找她，和她结成夫妻。天上一天，地上一年，他们在人间刚做了三年的夫妻，没想到就被孙悟空发现了。玉皇大帝惩罚了文曲星和仙女，因为他们打扰了人间秩序。孙悟空回到宝象国救回了唐僧，唐僧也请孙悟空原谅自己的错误，师徒四人离开宝象国，继续西行。

本级词：

严厉 yánlì | strictly

安慰 ānwèi | to comfort

糟糕 zāogāo | bad

恋爱 liànài | to fall in love with

超纲词：

狠 hěn | fierce

消气 xiāoqì | to calm down (from rage)

上厕所 shàng cèsuǒ | to go to toilet

嫁 jià | to marry

草堆 cǎoduī | hay

撒谎 sāhuǎng | to tell a lie

报信 bàoxìn | to send message

烤 kǎo | to roast

娶 qǔ | to marry

皱眉 zhòuméi | to frown

画像 huàxiàng | portrait

秩序 zhìxù | order, sequence

练 习

一、请根据文章内容判断正误。

(   ) 1. 沙和尚为了救公主，主动承认说因为自己喜欢公主，所以要把她带回宝象国。

(   ) 2. 妖怪把唐僧变成一只老虎，告诉国王唐僧其实是一只可怕的老虎精。

(   ) 3. 宝象国的妖怪其实是天上的文曲星，为了爱情，和一位仙女来到人间。

二、请按照故事的发展顺序排列。

    A. 猪八戒决定去花果山请回孙悟空。

    B. 妖怪去了宝象国，把唐僧变成一只老虎。

    C. 妖怪跑回了天上，原来是文曲星。

    D. 因为猪八戒突然逃跑，沙和尚被妖怪抓住了。

五　黑水河妖

唐僧师徒四人在西行途中，来到了一条大河边。这条河非常宽阔，河水是黑色的，风高浪急，一眼看不到边，也不知道有多深。沙和尚说："这条河大师兄可以飞过去，二师兄和我都是水里的行家，只有师父过不去啊！"

正说话的时候，远远地看见有一条船从浪里过来，沙和尚赶紧把那条船喊过来说："船家！你帮帮忙，带我们过河吧。"那位船家说："我是打鱼的，一般不带人过河，你看我这个船这么小，只能装两个人啊。你们四个人太多了，装不下。"猪八戒看了一下，说："要不这样吧，我带着行李，陪师父坐船过河，大师兄和沙师弟你们俩飞过去，这样就行了。"

于是唐僧和猪八戒就坐着船先出发，孙悟空和沙和尚刚准备用法术飞过去的时候，水面上突然刮起一阵大风，然后"嘭"的一声，船就不见了。

沙和尚说："怎么回事？是不是浪太大把小船打碎了？"

孙悟空仔细一看，说："不对！一片碎木头都没有，而且猪八戒水里的功夫那么好，他如果掉进水里，肯定能出来。我刚才看那个打鱼的人就觉得不太对，这条河水这么黑，浪这么大，他怎么可能抓得到鱼？肯定是个妖怪，把师父抓走了！"

沙和尚说："那我下去看看！流沙河我都住了那么久，还能怕这条黑水河？"说完就跳进河里，一路潜下去，这条河虽然上面的水黑，下面的水却很清。游了好一会儿，只看到前面出现了一座建筑，上面还有一个大牌子，写着"黑水河神府"，后面还有一座花园，一个黑脸的妖怪坐在花园里休息，还在跟旁边的小妖怪说："终于等到这个去西天的唐僧了，吃了他的肉能长生不老呢。你们给我去准备纸笔，我要写请帖请我舅舅一起来吃。"

沙和尚一听大怒，立刻拿起武器冲了下去和妖怪打起来。打了一会儿，沙和尚想假装打不过，把他引到水面上，然后和孙悟空一起捉住他。可是那个妖怪并不追过来，说："你走吧！你走吧！我不和你浪费时间，我还要赶紧去请我舅舅吃唐僧肉呢。"

沙和尚上去把情况告诉孙悟空，孙悟空想了一下，既然他总是说要去请他的舅舅，看来他这个舅舅是有点背景的人。正在这时，来了一个老人，对孙悟空说："您就是齐天大圣孙悟空吧，求您帮忙啊。我本来是这条河的河神，几年前来了一个妖怪，把我赶出了黑水河，西海龙王是他的舅舅，我也打不过他，更不敢招惹他舅舅。现在你来了，请您帮我赶走这个妖怪，把这条河还给我吧。"

　　孙悟空一听就明白了，原来西海龙王就是这个妖怪的舅舅，赶紧说："你放心，我去找他舅舅算账去！"说完就一个筋斗云来到了西海龙王那里。龙王一听说孙悟空来了，赶紧出来接待。孙悟空也不客气，直接对西海龙王说："你有个外甥在黑水河把我师父抓了，还要吃他的肉，你说我该怎么办？"西海龙王听了大吃一惊，连忙道歉道："误会啊误会啊，我那个外甥是一条小黑龙，没听说过您的大名，不小心抓错人了。您放心，我这就派人把他给抓回来，判他的罪！"孙悟空说："怎么教训他是你的家事，我不管，但是我师父要是受了一点点伤，我的金箍棒可就不客气了。"

　　西海龙王立刻命令太子带领水兵到了黑水河。那妖怪还在等着舅舅来吃唐僧肉呢，没想到西海龙王的太子直接把自己给抓起来了，还让他亲自向孙悟空道歉。孙悟空说："既然你也是一条龙，为什么要抢人家河神的地方呢？你还小，还不知道我这根金箍棒的厉害，我不杀你，让你舅舅去惩罚你吧！"

　　小黑龙被抓走后，原来的河神非常感谢孙悟空，他来到河底，把唐僧和猪八戒救了出来。这时整条河水已经不再是黑色了，河神使用法力，让河水在中间让出了一条路，唐僧四人就走着那条路渡过了黑水河，继续西行。

本级词:

陪 péi | to accompany with

碎 suì | to crush

建筑 jiànzhù | construction

超纲词:

行家 hángjia | expert

船家 chuánjiā | boatman

打鱼 dǎyú | fishing

潜 qián | to dive

请帖 qǐngtiě | invitation card

舅舅 jiùjiu | uncle

招惹 zhāorě | to provoke

外甥 wàisheng | nephew

判 pàn | to sentence

罪 zuì | crime

太子 tàizǐ | prince

渡过 dùguò | to cross a river

练 习

一、请根据文章内容判断正误。

(   ) 1. 黑水河的妖怪变成一个漂亮的女人，骗猪八戒和唐僧上船。

(   ) 2. 沙和尚为了救唐僧，变成了那个妖怪的舅舅。

(   ) 3. 西海龙王的太子使用法力，让唐僧他们渡过了黑水河。

二、请按照故事的发展顺序排列。

A. 原来的河神分开河水，请唐僧骑马过河。

B. 唐僧坐上妖怪的船，突然被抓到水下去了。

C. 孙悟空去了西海，西海龙王立刻把小黑龙抓了回来。

D. 沙和尚听见妖怪说要请舅舅来吃唐僧肉。

第六章 老牛这一家

一 红孩儿（上）

　　唐僧师徒四人在取经的路上，经过一片树林。在树林里穿行的时候，突然听到一个小孩子的声音，在喊："救命啊，救命啊！"唐僧走过去一看，一个七八岁的小男孩儿，被人用绳子捆在树上。小孩儿一看见唐僧赶紧说："大和尚，你是好人，快来救我啊。我住在前面的村庄里，三天前被坏人抓来这里，要不是遇见你们，我就要饿死了！"唐僧赶紧让孙悟空去把那个孩子救下来。

　　孙悟空一眼就看出那个小孩子是妖怪，但是根据以往的经验，如果一棍子打死了肯定要被唐僧念紧箍咒。于是这一次孙悟空只是轻轻说了一句："师父，说不定是妖怪呢。"

　　唐僧果然责怪孙悟空说："这么小的孩子怎么可能是妖怪呢？快去把他救下来。"

　　孙悟空走过去解开绳子，把那个小孩子救了下来。他主动对唐僧说："师父，这个孩子又饿又累，还是我背着他在前面走吧，八戒、沙和尚，你们在后面跟着师父。"孙悟空走得很快，一眨眼的工夫就把唐僧他们甩在了后面。看着前面有座小山，孙悟空就背着孩子向山上走去。那个妖怪也聪明得很，一看孙悟空往山上走，心里猜到了孙悟空要摔死他，赶紧把自己的身体变成一个大石头，灵魂逃到了天上。孙悟空背着一个大石头越走越重，好不容易到了山顶，把那小孩儿往山下一扔，说道："摔死你个小妖怪！"结果一看，竟然是一块大石头咕噜咕噜滚了下去。孙悟空心里喊了一声："不好！"只见山下面的路上突然刮起了一阵大风，飞沙走石，什么都看不见。等大风停了，沙和尚坐在地上，猪八戒躲在石头后面，唐僧却不见了。

孙悟空赶过去说："不好不好，妖怪又把师父抓走了！"猪八戒说："那个小孩真的是妖怪？"孙悟空说："当然了，所以我才主动背着。"沙和尚说："这么小的小孩儿，能是什么妖怪呢？"孙悟空说："别急，我来问问这里的土地爷。"只见孙悟空把金箍棒往地上一戳，土地爷就赶紧出来了。向孙悟空行了个礼后问道："齐天大圣，找我有什么事情吗？"

孙悟空直接问道："我师父唐僧在这里被一个小孩子妖怪抓走了，你知道这个妖怪是什么来历，住在哪里吗？"

土地爷回答道："这个妖怪叫红孩儿，是牛魔王和铁扇公主的儿子，虽然小，可是本领却很大。他就住在前边的火云洞里。"孙悟空一听就笑了，对猪八戒说："原来说起来还是一家人啊，这下就放心了。"猪八戒没明白。孙悟空解释道："我和牛魔王在花果山的时候就是兄弟，这个小妖怪是他的儿子，那就是我的侄子啊。看在我的面子上，肯定也不敢伤害师父的。"

孙悟空带着猪八戒跑到火云洞口，把小妖怪喊出来，说："红孩儿，快把唐僧放出来吧，我是你叔叔，大家是一家人，你爸爸和我五百年前是兄弟呢！"

81

没想到红孩儿根本不认孙悟空这个叔叔，回答道："呸！你刚才还想害死我呢，我只知道唐僧肉吃了可以长生不老，什么叔叔伯伯，我全都不认识！"说完就和孙悟空打了起来。小妖怪肯定不是孙悟空的对手，没过一会儿就打不动了，只见他把鼻子一捏，"呼"的一下，喷出一团大火，一下子把旁边的树林全部烧着了。猪八戒一看不好，大喊一声："再不走要成烤猪了！"赶紧跳起来逃跑了。孙悟空一看猪八戒跑了，也没办法，他虽然不怕火，但是被烟熏得眼睛难受，眼泪直流，只好先回去了。

本级词：

以往 yǐwǎng | before

摔 shuāi | to break

认 rèn | to admit

喷 pēn | to sprinkle

超纲词：

救命 jiùmìng | Help!

眨眼 zhǎyǎn | to blink

甩 shuǎi | to throw

灵魂 línghún | soul

好不容易 hǎobù róngyì | manage with great difficulty

飞沙走石 fēishā-zǒushí | sand and stones flying

戳 chuō | to poke

来历 láilì | background

侄子 zhízi | nephew

呸 pēi | pooh

伯伯 bóbo | uncle

捏 niē | to pinch

练 习

一、请根据文章内容判断正误。

（　　　）1. 孙悟空本来计划把红孩儿摔死，结果失败了。

（　　　）2. 红孩儿变成一阵风把唐僧、孙悟空和猪八戒都抓了起来。

（　　　）3. 孙悟空很早就认识牛魔王的老婆铁扇公主，所以说起来孙悟空是红孩儿的舅舅。

二、请按照故事的发展顺序排列。

A. 唐僧要孙悟空救下小孩儿。

B. 土地公告诉孙悟空小妖怪叫红孩儿，是牛魔王的儿子。

C. 孙悟空和猪八戒都被红孩儿的火烧伤了。

D. 孙悟空想把小孩儿扔下山，但是晚了一步。

二 红孩儿（下）

孙悟空和猪八戒回到树林里，一起商量救唐僧的办法。猪八戒说："猴哥，这个妖怪年纪不大，他那个喷火的本事实在是厉害啊。不仅我老猪的毛被烧了，连你的眼睛都被熏黑了啊。"孙悟空想了一会儿，对猪八戒说："我现在眼睛疼得厉害，看不清楚东西，也没办法和那个妖怪再打一仗。要不这样，你去南海请观世音菩萨过来，也许她有办法。"

这个红孩儿不仅厉害，还很聪明，他猜到孙悟空他们可能会请别的神仙过来帮忙，派了个小妖怪在旁边偷偷看着。听说猪八戒要去请观音菩萨，小妖怪就赶紧报告给了红孩儿。

红孩儿就在猪八戒去南海的半路上变成观音菩萨的样子，坐在一块石头上等着。猪八戒没走多远，看见假观音菩萨在下面，就以为已经到了南海，赶紧请假的观音菩萨去捉红孩儿。假观音菩萨听了猪八戒的话，笑着说："那个红孩儿和我是老朋友，你们别担心，你跟我一起去他家，我让他把唐僧放出来。"猪八戒高高兴兴地和假观音菩萨一起去了火云洞。结果刚进洞里，就被妖怪用一张大网抓了起来。妖怪变成本来的样子大笑说："笨猪，你也不看看我是谁？还想请观音菩萨来抓我？哈哈哈。"猪八戒又气又急，大声骂着妖怪。唐僧听见猪八戒也被抓进来了，也在那里摇头叹气。

孙悟空、沙和尚在树林里等猪八戒等了很久，也没见他带观音菩萨回来。孙悟空觉得情况不太对，决定变成个小虫子飞到火云洞里看看。结果看见猪八戒和唐僧都被捆在洞里，猪八戒嘴里还在骂着："你这个妖怪好大的胆子，竟然敢变成观音菩萨来骗我！"孙悟空一听就明白了，刚打算飞回去，就听见那个红孩儿对身旁小妖怪说："唐僧肉吃了能长生不老，这么好的宝贝我不能独自享受。你最认路，现在去我父亲那儿，快请他过来一起吃唐僧肉。"

孙悟空一听，立刻想了个主意。他赶紧飞到半路上，变成了牛魔王的样子，走到那个送信的小妖怪面前。那小妖怪一看假牛魔王，赶紧说："爷爷！我们大王正要请您一起吃唐僧肉呢。"于是假牛魔王跟着小妖怪来到红孩儿面前，红孩儿一看牛魔王这么快就来了，很高兴，说："父亲！我捉住那个唐僧了！吃了他的肉就能长生不老，我特地请父亲过来一起吃。"假牛魔王说："孩子啊，你这么孝顺我很高兴啊，但是这个唐僧不能吃。他手下有个大徒弟叫孙悟空，五百年前大闹天宫，厉害得很，我们打不过他。还是尽快把唐僧放了吧！"红孩儿回答道："父亲您别担心，那个孙悟空已经来过了，他虽然很厉害，却怕我喷出来的火，说不定上次已经被我烧死了。"假牛魔王说："这样啊……可是最近我和你妈妈打算做一些好事，不怎么吃人了，这两天都在吃素呢。"听了这些话，红孩儿一下子怀疑起假牛魔王来，这不是他父亲平时说话的口气。于是就问道："父亲，我记得下个月就是我的生日了，我要请一些朋友过来呢，我的生日具体是哪一天啊？"孙悟空当然不知道，只好说："哎呀哎呀，你父亲老了，真的记不住了呢！"

这是红孩儿突然大叫起来："你是假的！我父亲从来没有忘记我的生日！你肯定是臭猴子变的！"孙悟空一看暴露了，只好变回原来的样子说："小妖怪！你能变成观音菩萨骗猪八戒，我还不能骗你？"红孩儿二话不说，捏了两下鼻子，又开始喷火。孙悟空一看不好，赶紧跑出了火云洞。

沙和尚在外面等着，看孙悟空又跑了出来，赶紧上去问他："情况怎么样？"

孙悟空说："这个红孩儿本事不小，还挺聪明，我也骗不了他，看来只能我亲自去找观音菩萨来帮忙了！"他到了南海，请观音菩萨一起到了火云洞，孙悟空把红孩儿引出来，红孩儿刚要喷火，就被观音菩萨的圣水浇灭了。然后观音菩萨用自己的莲花宝座（Liánhuā Bǎozuò）困住了红孩儿，红孩儿全身动不了，只好认输。菩萨觉得红孩儿挺聪明，并没有伤害他，把他留在身边做了善财童子（Shàncái Tóngzǐ）。孙悟空救出唐僧和猪八戒，继续西行。

超纲词：

孝顺 xiàoshùn | to show filial piety
吃素 chīsù | to be a vegetarian

暴露 bàolù | to expose
二话不说 èrhuàbùshuō | without another word

练 习

一、请根据文章内容判断正误。

（　　）1. 红孩儿变成玉皇大帝的样子，把猪八戒骗到了火云洞里。

（　　）2. 孙悟空变成牛魔王的样子，却没能正确说出红孩儿的生日。

（　　）3. 观音菩萨并没有杀死红孩儿，而是让她做了自己的儿子。

二、请按照故事的发展顺序排列。

A. 孙悟空变成牛魔王，被红孩儿发现了。

B. 红孩儿变成观音菩萨，骗了猪八戒。

C. 观音菩萨让红孩儿做了自己的善财童子。

D. 孙悟空的眼睛被红孩儿烧伤了。

三 芭蕉扇与火焰山（上）

师徒四人一路往西，不知不觉已经到了秋天。但是不知道为什么，天气却越来越热。猪八戒说："西天应该是太阳的老家吧，我们是不是已经到了西天，离太阳不远了，才会这么热啊。"孙悟空说："你又瞎说了，我们离西天还早着呢！不过秋天了还这么热，确实不太正常呢。"正说着，看见前面有一户人家。唐僧说："天气太热了，我们去喝口水吧。"

那家人一看来了四个人，赶紧出来招呼客人。唐僧一边喝水一边问道："请问这里是什么地方啊，为什么到了秋天还这么热啊？"主人回答道："四位师父，你们是要往西走吗？走不了啦。前面有一座火焰山（Huǒyàn Shān），八百里的大火，你们就是铁做的，都要化成水了。鸟也飞不过去，都被烤熟啦！"孙悟空听着奇怪，继续问道："如果天气总是这么热的话，那也种不出粮食啊，你们吃什么呢？"

主人说："离火焰山不远有一座翠云山（Cuìyún Shān），山里有个翠云洞，里面住着一位铁扇公主，听说是牛魔王的老婆，她有一把芭蕉扇（Bājiāoshàn），每年春天我们去给她送些礼物，她用扇子一扇，火焰就熄灭了，再扇一下，天就下雨了。这样我们就可以抓紧时间种出粮食。你们要想过这座山，只能去请她帮你们扇一下，否则你们肯定过不去的。"

孙悟空心想："哎呀，这有点麻烦啊，她怎么恰好是牛魔王的老婆，难怪几个月前被观音菩萨抓走的那个红孩儿喷火那么厉害，原来是她的儿子。但现在我抓了她的儿子，她肯定不会把扇子借给我啊！"这时唐僧说："悟空，你本事大，你去找那个铁扇公主借一借扇子吧，我们过了火焰山就还给她。孙悟空只好去了翠云山。铁扇公主一听说孙悟空来了，果然，二话不说直接拿起宝剑打了过来。孙悟空一边后退一边说："你是牛魔王的夫人吧，我是牛魔王的兄弟孙悟空啊，说起来你还是我的嫂子呢。"铁扇公主气呼呼地说："谁是你嫂子！老牛早把我忘了，就因为你，观音菩萨还把我唯一的儿子抓走了，你是我的仇人！"

孙悟空解释道："红孩儿要抓我师父，我没办法才抓他的，再说了，他现在和观

87

音菩萨在一起，做了善财童子，想发财的人都要求他，这是多么好的事情啊！"铁扇公主越听越气："什么善财童子！我现在想见孩子一面都见不到了！"孙悟空一看，这话说不下去了，干脆就拿出金箍棒打了起来。铁扇公主当然打不过孙悟空，只见她突然拿出一把大扇子，对着孙悟空一扇。孙悟空顿时觉得一阵狂风吹来，天昏地暗，飞了很久，孙悟空好不容易抓住一块山上的石头才停了下来。仔细一看，原来已经到了灵吉菩萨（Língjí Púsa）的须弥山（Xūmí Shān），离开火焰山已经三千多里了。

灵吉菩萨正在山上散步，看见孙悟空被风吹了过来，赶紧去看看究竟。孙悟空把情况一说，菩萨就明白了，说："你如果不是吃过太上老君的仙丹，早就被芭蕉扇扇到天的外面，再也回不来了。不过你也别怕，我这里有一颗金丹，你只要含在嘴里，芭蕉扇就扇不动你。"

孙悟空带着金丹回去，铁扇公主一看孙悟空居然又回来，于是拿起扇子继续扇，可是这回无论怎么扇孙悟空也不飞，铁扇公主害怕了，赶紧把门一锁，跑回翠云洞里去了。孙悟空变成一个小虫子，从门缝飞进了洞里，看见铁扇公主正在咕咚咕咚地喝茶。于是飞到茶碗里，被铁扇公主一口喝到肚子里了。

孙悟空到了铁扇公主的肚子里，大声说："嫂子，你不把芭蕉扇借给我，我就跳坏你的肚子！"铁扇公主突然感到一阵肚子疼，听见孙悟空在肚子里说话，吓得赶紧说："好的好的，我同意借给你，你快出来吧！"孙悟空这才从她的嘴巴里飞出来，铁扇公主把扇子放在桌上，孙悟空拿起扇子，回到唐僧那里。

本级词:

扇子 shànzi | fan   唯一 wéiyī | unique

扇 shān | to blow

超纲词:

火焰 huǒyàn | flame   仇人 chóurén | enemy

熄灭 xīmiè | to extinguish   发财 fācái | to make a fortune

难怪 nánguài | no wonder   顿时 dùnshí | immediately

宝剑 bǎojiàn | sword   狂风 kuángfēng | fierce wind

后退 hòutuì | to retreat   天昏地暗 tiānhūn-dì'àn | dark all round

嫂子 sǎozi | sister-in-law   缝 fèng | crack

练 习

一、请根据文章内容判断正误。

（   ）1. 火焰山的农民每年都会找东海龙王求雨，下了雨后抓紧时间种地。

（   ）2. 在铁扇公主看来，他的儿子红孩儿做善财童子并不是一件幸福的
事情。

（   ）3. 孙悟空被芭蕉扇一下子扇回了五行山。

二、请按照故事的发展顺序排列。

A. 铁扇公主对红孩儿被抓走的事情很生气。

B. 孙悟空没办法，只好变成小虫子跑进铁扇公主的肚子里。

C. 孙悟空被芭蕉扇的风吹到了灵吉菩萨那里。

D. 火焰山太热了，猪八戒以为已经到了西天。

四　芭蕉扇与火焰山（下）

唐僧看见孙悟空把扇子借回来，很高兴，告别了那家人家，来到火焰山下，孙悟空得意地说："你们看好了！我只要用这个扇子一扇，火就灭了！"

说完他挥起扇子扇了一下，没想到呼的一声，火更大了。孙悟空又拿起来使劲扇了两下，结果火被引了过来，猪八戒喊了一声："不好！要烤熟了，快跑啊！"四个人只好拼命地逃到山下去。

这下孙悟空明白了，铁扇公主拿了一把假的扇子骗了他。他正在生气呢，突然想起来铁扇公主说老牛早把她忘了，如果他变成牛魔王哄哄铁扇公主，说不定能把真的芭蕉扇骗过来。于是他就变成牛魔王的样子，又去了翠云洞。说来也巧，铁扇公主看孙悟空来到了火焰山，知道自己打不过他，也赶紧派人去请牛魔王过来，一起给红孩儿报仇。铁扇公主看到假牛魔王，赶紧迎上去说："老公，你这么快就回来了，说明你心里还有我啊，孙猴子来火焰山了，我们要替宝贝儿子报仇啊！"假牛魔王说："一定要报仇！我要亲手杀了那个臭猴子！对了，夫人，你的芭蕉扇没有被猴子拿走吧。"铁扇公主笑了笑说："孙猴子来过啦，我用一个假的芭蕉扇骗了他，越扇火越大，说不定这会儿都被火焰山烧死了呢。"假牛魔王说："那就好，快把真的拿出来我看看，别给猴子弄坏了。"只见铁扇公主从嘴巴里吐出一个小小的扇子，吹了一口气，就变成了大的芭蕉扇。这时假牛魔王一把抓过去，变回了孙悟空的样子，大笑道："哈哈哈，这一把扇子肯定是真的了吧！"铁扇公主一看牛魔王居然是孙悟空变的，气得晕倒在地上。

孙悟空扛着大大的芭蕉扇，开心地往山下走。没想到这时真的牛魔王也到了，远远看见孙悟空从翠云洞走出来，知道孙悟空肯定是骗了铁扇公主。牛魔王的本事和孙悟空差不多，他于是变成猪八戒的样子，在山路上等着孙悟空。看到孙悟空走过来，赶紧迎上去，说："猴哥，你可真厉害啊，这么快就拿到芭蕉扇了啊，把这个宝贝借给我看看呢。"孙悟空一看是猪八戒，也没有怀疑，再听猪八戒这么一夸奖，他心里就更高兴了，就把芭蕉扇给了他。只见假猪八戒拿着芭蕉扇，嘴巴里说了一句咒语，把芭蕉扇变小了放进了自己嘴巴里。孙悟空一看很奇怪，说："八戒，你怎么有这个本事，知道芭蕉扇可以变大变小啊？"这时牛魔王变回本来的样子，说："孙悟空，你我兄弟一场，没想到你竟然抓我儿子，骗我老婆！我没有你这个兄弟，你们也别想过火焰山！"

孙悟空一看自己又被牛魔王骗了，刚到手的芭蕉扇又没了，气得哇哇直叫，和牛魔王打了起来。两个人打了三个小时也分不出胜负。唐僧看着他们在天上乒乒乓乓地打，说："这打到明天也没有个结果啊，我们怎么才能过火焰山呢。猪八戒、沙和尚，你们也帮帮忙呢。"于是猪八戒想起他在天上做过将军，于是飞到天上，请玉皇大帝帮忙。玉皇大帝知道牛魔王的厉害，觉得刚好可以利用这个机会解决掉这个麻烦。于是他派当年对付过孙悟空的托塔李天王、哪吒三太子和天兵天将去帮助孙悟空，在一群人的进攻下，牛魔王终于打不过，被天兵天将抓住，认输了。

铁扇公主看见牛魔王被抓了，只好从翠云洞出来，拿出芭蕉扇，对着火焰山扇了三下，很快火就熄灭了，而且下起了微微的小雨。唐僧师徒四人拿起行李，翻过火焰山，继续西行。

超纲词：

灭 miè | to extinguish

挥 huī | to wave (arms)

拼命 pīnmìng | to risk one's life

哄 hǒng | to cheat

晕倒 yūndǎo | to faint

夸奖 kuājiǎng | to praise

练习

一、请根据文章内容判断正误。

（　　）1. 猪八戒被假芭蕉扇引起的大火烤熟了。

（　　）2. 为了拿到真的芭蕉扇，孙悟空变成红孩儿的样子去骗铁扇公主。

（　　）3. 牛魔王变成猪八戒的样子，又从孙悟空那里骗回了芭蕉扇。

二、请按照故事的发展顺序排列。

A. 牛魔王变成猪八戒，从孙悟空那里骗回了芭蕉扇。

B. 玉皇大帝帮忙和孙悟空一起打败了牛魔王。

C. 孙悟空变成牛魔王，骗到了芭蕉扇。

D. 孙悟空借了一把假的芭蕉扇，差点被烤熟了。

第七章　多情的女王和妖怪们

 **女儿国**

唐僧、孙悟空师徒四人在前往西天取经的路上，有一次唐僧和猪八戒在一条河里喝了一点水，没想到肚子突然疼了起来，孙悟空只好把他们扶到旁边的一个村子里。当地的老婆婆们听说唐僧他们喝了那河里的水，都偷偷地笑。仔细一问，才知道这个地方叫女儿国，这个国家只有女人，没有男人。那条河叫子母河，谁喝了那条河里的水就会生孩子，唐僧他们喝了水，也要生孩子了，所以才肚子疼。好在不远处还有一口井，只要喝了那里的水就不生孩子了。孙悟空连忙弄来井水给他们喝，唐僧和猪八戒的肚子才不痛了。

唐僧他们继续走，就到了女儿国的首都，他们要找女儿国的皇帝去换签证。因为这个国家里没有男人，所有的人看见唐僧他们都觉得很稀奇。女王听说唐僧他们来了也非常高兴，对她的女官说："我说怎么这几天老是做好梦呢！原来是有喜事了啊！来了一个唐朝的大和尚，长得很帅呢！我们国家从一开始就没有一个男人，现在来了唐朝的和尚，真是老天送给我的礼物啊。我和唐僧结婚，然后让他来当我们国家的皇帝，我来做皇后，和他生下很多孩子，该有多好啊！"底下的女官们连连恭喜女王。有一个女官说："虽然唐僧长得很帅，但是他手下有三个徒弟，长得都太丑了，一个猴子，一个猪，还有一个红头发的，没人愿意和他们结婚，他们怎么办呢？"女王说："那就让他们三个去西天取经好了，把唐僧留下来和我结婚。只是按照礼仪，我不能直接跑到唐僧面前去求婚啊，还是应该先找个媒人帮我提亲才行。"旁边女王的老师说："我帮您去提亲吧！您就在这里准备车马宴会，等他同意了您就去接唐僧。"女王听了十分高兴。

唐僧他们住在女儿国的国宾馆，刚坐下休息，就听说女王的老师来了。唐僧很奇怪，说："女王的老师这时候来干什么？"孙悟空早就猜出了女儿国国王的心思，他笑着说："这女儿国没有男人，恐怕是来提亲的。师父，您这回走桃花运了。"唐僧听了，大吃一惊说："这怎么行呢？我是个和尚，是不能够结婚的，而且我还要去西天取经的，怎么可以在这里过日子呢？"孙悟空说："先看看再说。"

女王的老师果然是来提亲的，说唐僧只要和女王结婚，以后就是女儿国的国王，要什么有什么，很多人做梦也没有这么好的运气。猪八戒和沙和尚都反对，说："我师父是去西天取经的和尚，不能留下来和你们国王结婚。"只有孙悟空是同意的，说："这么好的事情，师父不如就同意了吧！我们代替您去西天取经好了。"

唐僧把孙悟空拉到一边大骂道："你这个没良心的东西，你知道我去西天取经的决心，怎么能让我在这儿和她们女王结婚呢？"孙悟空偷偷地说："师父不要生气，我不是让您和她真的结婚，如果您现在不答应她，万一她不放我们走，我们也换不到签证怎么办？真要我们保护您打出去，这些女人又不是妖怪，碰了我的金箍棒恐怕就被打死了，这也不好啊！不如您干脆先答应她假结婚，然后说要送我们去西天，送的时候我用个法术，把她们定在那里，等我们走远了再放了她们。这样既不伤害她们，我们又能顺利离开，多好呢！"唐僧想想也对，就同意了。

女王听说唐僧答应了做她的丈夫，非常高兴，连忙派人按照皇帝的礼仪接待唐僧他们，开了一个隆重的宴会，让猪八戒吃了个够。又给他们办了签证，交给孙悟空他们继续取经。唐僧也假装说要送送徒弟们，到了路口，唐僧突然跳上马，女王大吃一惊对唐僧说："您这是要去哪儿？"唐僧说："去西天取经啊！"女王这才知道上了当。孙悟空还没来得及用"定身法"，突然刮来了一阵大风，把唐僧给吹走了。等风停了，女王怎么找也找不到唐僧，她伤心了很久，明白缘分还没有到，只能伤心地回到了女儿国。

本级词：

扶 fú | to support with the hand | 签证 qiānzhèng | visa

超纲词：

井 jǐng | well

稀奇 xīqí | unusual

喜事 xǐshì | happy event

恭喜 gōngxǐ | congratulation

礼仪 lǐyí | ritual

求婚 qiúhūn | to ask for a lady's hand

媒人 méirén | matchmaker

提亲 tíqīn | to make a proposal of marriage

桃花运 táohuāyùn | good luck on love affairs

良心 liángxīn | morality

隆重 lóngzhòng | solemn

缘分 yuánfèn | fate

练 习

一、请根据文章内容判断正误。

（　　）1. 在女儿国，如果有人肚子疼，只要喝了子母河里的水就可以治好。

（　　）2. 为了不让唐僧留在女儿国结婚，孙悟空觉得可以打死女儿国国王。

（　　）3. 女王为了留住唐僧，决定刮起一场大风不让他走。

二、请按照故事的发展顺序排列。

A. 孙悟空为了拿到女儿国的签证，建议唐僧假结婚。

B. 女儿国国王想和唐僧结婚，让唐僧做女儿国的皇帝。

C. 唐僧和猪八戒喝了河里的水，肚子开始疼了。

D. 唐僧还没来得及离开女儿国，就被一阵大风刮走了。

二 喜欢唐僧的蝎子精

三人发现唐僧被那阵风吹走，就紧追着来到一座山里，风突然停了。孙悟空知道到了妖怪的山头，下来寻找，果然找到一个石头门，门上面写着三个大字：琵琶洞。猪八戒拿起钉耙就要打，孙悟空连忙拦住他说："先别急，等我进去看看情况再说。"说完就变成一只小蜜蜂，沿着门缝飞进了山洞里。到了山洞里，正看见一个女妖怪逼着唐僧和她一起吃肉，还说那个女儿国国王有什么好的，唐僧应该和自己结婚。孙悟空一听非常生气，就变回原来的样子说："哪里来的妖怪，也想和我们师父结婚！"那个妖怪一看见孙悟空到了自己的洞里，连忙让小妖怪把唐僧藏起来，自己拿出一根叉子，喊道："臭猴子，竟然闯老娘的洞府！找打！"说着就和孙悟空打了起来。孙悟空想猪八戒和沙僧都在门口等他，心想：不如把妖怪引到洞口，我们三个一起上，把她给捉住。于是就装作打不过的样子，边打边退，一直退到洞口。猪八戒和沙和尚一看见孙悟空和妖怪打出来了，连忙拿起兵器过来帮着一起打。那妖怪倒也不怕，喊道："当年如来佛都怕我，何况你们三个！"只见她忽然身子一转，不知道用出什么兵器，孙悟空就感觉头上被什么东西蜇了一下，痛得要命，抱着头乱跳乱跑。猪八戒一看孙悟空被打了，形势不对，也连忙掉头跑了。

第二天，孙悟空的头痛好了一点，就继续变成一只小虫子飞到山洞里，看到唐僧正坐在那里哭，就对唐僧说："师父您放心，我们一定会救您出去的。"然后飞回到洞外面。猪八戒说："大师兄昨天受伤了，今天看我来救师父！"说完一钉耙打破了妖怪的大门。里面的小妖怪连忙跑进去说："不好了，不好了，一只猪妖打进来了！"那个女妖怪也拿起武器，跑到洞口说："你这只野猪！昨天你大师兄都被我打伤了，你今天又来送死！"猪八戒也骂道："你个小妖怪，竟敢拐了我师父，快把我师父送出来，敢说半个不字，我老猪连你和这山洞一起都打烂了！"妖怪二话不说就和猪八戒打了起来，打了一会儿，沙和尚也过去帮着猪八戒一起打，那个妖怪又和上次一样，忽然一转身，对着猪八戒的鼻子就是一下。猪八戒疼得眼泪直流，抱着鼻子掉头就跑了。

这下孙悟空和猪八戒都被妖怪蛰伤了，沙和尚也不知道该怎么办。这时，远远地看见观音菩萨来了，孙悟空连忙对菩萨说："您来得正好，我们都被那个妖怪给蛰伤了，您有什么好方法吗？"菩萨说："那个妖怪厉害得很，她本来是一只蝎子，在西天听如来佛祖讲佛法的时候偷偷学了很多法术，有一次连佛祖都被她蛰了一下，疼得要命。我也没有办法对付她，不过如来佛祖让你去找昂日星官 (Mǎorì Xīngguān) 想想办法。"孙悟空一听，说："好，我这就去。"一个筋斗就翻到了天上，找到了昂日星官。昂日星官是天上负责每天报时的公鸡。听说是观音菩萨让孙悟空来找他帮忙，连忙就随他到了琵琶洞。孙悟空和猪八戒又把妖怪的洞门砸开了，把妖怪引出来，就在妖怪又打算蛰人的时候，昂日星官变成一只大公鸡，过来吃这个蝎子。妖怪一看到大公鸡，吓得腿都软了，被猪八戒一钉耙打死了。孙悟空连忙跑进洞里，把唐僧给救了出来。师徒四人这才继续上路，前往西天取经。

本级词：

洞 dòng | cave

闯 chuǎng | to intrude

超纲词：

蝎子 xiēzi | scorpion

何况 hékuàng | let alone

蜜蜂 mìfēng | bee

蜇 zhē | to sting

逼 bī | to constrain

拐 guǎi | to abduct

练习

一、请根据文章内容判断正误。

（　　　）1. 孙悟空、猪八戒和沙和尚都被琵琶洞里的妖怪蜇伤了。

（　　　）2. 后来是观音菩萨亲自抓住了那个妖怪。

（　　　）3. 这个妖怪最害怕的动物是大公鸡。

二、请按照故事的发展顺序排列。

A. 观音菩萨告诉孙悟空，妖怪最害怕大公鸡。

B. 孙悟空为了救回唐僧，被妖怪不知道用什么东西蜇了一下。

C. 唐僧被风吹走后，孙悟空变成虫子飞到了妖怪的山洞。

D. 猪八戒也被妖怪蜇了一下，疼得眼泪直流。

三　无底洞的老鼠精

　　唐僧他们离开火焰山不久，走进一片松树林。在松树林里，唐僧远远听到一个女孩子在喊救命，走过去一看，一个非常漂亮的女子被捆在树上，对唐僧说："我家住在前面三百里地的村子里，几天前被一伙强盗抓到了这里，我已经几天没有吃饭了，你们不救我，我就要饿死在这里了！"孙悟空一看就知道是妖怪，对唐僧说："师父，这荒山野岭的，怎么可能有这么漂亮的姑娘呢，十有八九是妖怪啊！"一旁的猪八戒听了，急忙跳起来："什么妖怪啊，你什么时候见过这么漂亮的妖怪！师父，这个小姑娘我们不救，她肯定要饿死在这里的，我们和尚，怎么能见死不救呢？"唐僧觉得猪八戒说得有道理，就让猪八戒把那个女子救了下来。到了晚上，他们找到山里的一间寺庙休息。半夜的时候，突然刮起一阵大风，孙悟空知道不好，赶紧去唐僧的房间里一看，人已经不见了。于是他把这里的土地神喊出来问问情况。土地神告诉他，这里有一个妖怪住在森林边上一个大树洞里，叫做无底洞（Wúdǐ Dòng），唐僧肯定是被这个妖怪抓走的。

　　孙悟空和猪八戒来到森林的边上，果然在一棵松树下看到一个洞，从洞口往下看，看不见底。孙悟空先下去，下了很久才到洞底，却发现这个洞下面非常干净漂亮，里面布置得整整齐齐，和他在花果山的水帘洞倒有一些相似。正在看着，突然听到那个妖怪的声音，孙悟空赶紧变成一只小虫子，停在一棵树上。原来妖怪正在逼唐僧和她结婚呢。妖怪说："你看我不漂亮吗？这里这么好的地方，你我平平安安地生活，再生很多孩子，不比你去什么西天找如来佛有意思多了？"这时孙悟空悄悄飞到唐僧的耳朵里，对唐僧说："师父，你先假装答应她，然后请她喝茶，我飞到她茶碗里，等进了她肚子再让她送你出去。"

　　于是唐僧假装答应了妖怪，说："好吧，你确实又温柔又漂亮，和你结婚也挺好的，我有些口渴，我们先坐下来喝杯茶吧！"那个妖怪看唐僧答应了她，心里可高兴了。刚要端起茶碗请唐僧喝茶，孙悟空赶紧飞到茶碗里。没想到那妖怪眼睛又好，又爱干净，说："哪儿飞来一只虫子，真讨厌！"说着用手指一弹，把虫子弹走了。

孙悟空一看没办法，只好变成原来的样子，对女妖怪说："我师父还要带着我们三个徒弟去西天取经呢，怎么能和你在这里结婚生孩子呢，你别做梦了！"女妖怪没想到孙悟空已经跑进洞里来了，脸一下就红了，拿出宝剑和孙悟空打了起来，打了几下发现打不过，就抓起唐僧一下子跑到别的洞里去了。孙悟空刚要去追，却发现这里有一百多个完全一样的洞口，就和迷宫一样，根本就不知道唐僧在哪一个洞里，只能到处乱找。没想到却在一个洞里发现一个牌位，上面写着"父亲——托塔李天王，哥哥——哪吒三太子"。孙悟空一看，说："好啊，原来是李天王在下面的私生女，看我去找玉皇大帝告状去！"

孙悟空离开了无底洞，直接去了天宫，找到托塔李天王说："李天王，想不到你在下面还有个私生女啊，现在抓住我师父要跟他结婚生孩子呢！"托塔李天王一听，气得脸都红了："孙猴子！平时我也帮过你不少忙，你怎么能乱说我有私生女呢！"孙悟空说："你别不承认，我亲眼看见女妖怪在一个牌位上写着你是她爸爸，哪吒是她哥哥，你怎么解释呢？"这时哪吒在旁边提醒道："父亲，您在下面是有一个养女呢，您还记得三百年前我们抓了一只偷如来佛灯油的老鼠吗？当时我们看她可怜，也不是什么大错误，就没有杀她。她就做了您的养女，估计就是她……"托塔李天王一想，确实有这么一回事。赶紧说："那我就让哪吒和你一起下去，把那个老鼠精带回来受罚吧！"

孙悟空和哪吒一起到了无底洞，妖怪一看哪吒来了，吓得赶紧把唐僧送了出来，再也不敢提结婚的事情了。

本级词：

弹 tán | to flick   可怜 kělián | pitiful

超纲词：

老鼠 lǎoshǔ | rat   端 duān | to pick up

荒山野岭 huāngshān-yělǐng | barren hills and   迷宫 mígōng | maze
          wild mountains

见死不救 jiànsǐbújiù | to do nothing to save   牌位 páiwèi | memorial tablet
          someone from danger   私生女 sīshēngnǚ | illegitimate daughter

温柔 wēnróu | tender   养女 yǎngnǚ | adopted daughter

练 习

一、请根据文章内容判断正误。

（   ）1. 唐僧让猪八戒救下妖怪之后，立刻就被女妖怪用一阵风抓走了。

（   ）2. 孙悟空计划钻到妖怪肚子里，没想到被她发现，失败了。

（   ）3. 这个无底洞的妖怪原来是如来佛祖身边的一只老鼠，因为喜欢托
          塔李天王，做了他的女儿。

二、请按照故事的发展顺序排列。

A. 孙悟空又变成一只小虫子，没想到被妖怪弹走了。

B. 孙悟空发现妖怪是托塔李天王的干女儿，去天宫找玉皇大帝算账。

C. 唐僧和猪八戒在路上救了一个美女，孙悟空一看就知道是妖怪。

D. 托塔李天王让哪吒下去把老鼠精抓上来。

第八章 取得真经归

 西天取真经

唐僧四人历经千辛万苦，终于走到了<u>天竺</u>的佛国世界。远远看见<u>如来佛祖</u>居住的<u>灵鹫山</u>，周围都是彩云环绕，又壮观又美丽。<u>唐僧</u>想到终于可以见到佛祖了，心里十分激动。

快到山脚下，却被一条宽阔的大河挡住了去路，<u>唐僧</u>心里一惊，问<u>孙悟空</u>："不会走错了路吧，都看到<u>灵山</u>了怎么还有这么一条大河啊。"<u>孙悟空</u>说："师父，您别急，<u>灵山</u>是佛国的<u>极乐世界</u>，普通人是过不了这条河的。"正说着，远远看到一条渡船过来，<u>孙悟空</u>认出他是来迎接的<u>接引佛</u>，但是故意没有告诉<u>唐僧</u>。<u>唐僧</u>急忙把那个渡船的喊过来，请他带他们过河。结果靠近了一看，这条船竟然没有底，<u>唐僧</u>看着有些害怕。没想到突然<u>孙悟空</u>从背后把<u>唐僧</u>一推，<u>唐僧</u>跌跌撞撞地掉进了船里。船虽然没有底，<u>唐僧</u>却并没有掉进水里。这时<u>孙悟空</u>、<u>猪八戒</u>和<u>沙和尚</u>也都上了船。<u>唐僧</u>一看刚才的岸边，却发现有一个死人躺在那里，吓了一跳，赶紧问<u>孙悟空</u>："徒弟，你刚才为什么推我？还有岸边那个死人是谁？"<u>孙悟空</u>笑着说："师父，我说过，普通人过不了这条河。您上了这条船，就不再是普通人了，留在岸边的是您的尸体啊，只有您没有重量的灵魂，才能上这条无底之船呢。"<u>唐僧</u>一下子明白了，过了河之后，师徒四人来到<u>西天</u>的<u>雷音寺</u>，终于拜见了<u>如来佛祖</u>。

佛祖对<u>唐僧</u>说："<u>唐玄奘</u>，当年我派<u>观音菩萨</u>去<u>长安</u>，送给你<u>伽蓝袈裟</u>，让你来这里取回<u>大乘佛教</u>经典，解救苦难的<u>大唐</u>百姓。你经历千辛万苦，终于到了<u>灵山</u>，做我的学生。我送给你<u>大乘佛教</u>经卷一万五千一百四十四卷，分为<u>三藏</u>，一藏谈天，一藏谈地，一藏说人鬼之事。你带回大唐好好学习，仔细研究，从此以后，你就是真正的三藏法师。"

Sānzàng Fǎshī

"孙悟空，你五百年前大闹天宫，犯下大错，我把你压在五行山下让你好好反省。后来你一路保护唐僧，尽心尽力，我看到了你善良的内心，保护唐僧取经，你功劳最大，从此以后，你也成佛，可以自由往来于天地之间。"

"猪八戒，沙僧，你们本来都是天宫的将军，因为犯了错误被惩罚到人间，和孙悟空一道保护唐僧，做了很多辛苦的工作，你们也有功劳，你们的故事将在后代永远流传。"

宣布完，如来佛对孙悟空开玩笑道："猴子，还记得五百年前你在我手上撒的尿吗？哈哈哈！"孙悟空说："记得记得，那时候我年轻气盛，不知道佛法的厉害，现在终于感受到佛法的伟大，明白这宇宙间的道理了。"如来佛点点头，用手在孙悟空头上一摸，金箍就不见了。

佛祖让师徒四人带着佛教经卷，又派四大金刚护送他们四人腾云驾雾，

Sìdàjīngāng

不一会儿就回到了长安。唐太宗正在看书，突然看见西方的天空飘来一朵七色的云彩，仔细一看，原来是唐僧取经回来了，高兴万分，赶紧带领文武百官出来迎接，感谢如来佛祖给大唐送来了万卷佛经。听了唐僧一路取经的故事，唐太宗觉得特别有意思，让人把这些故事都记录下来。

本级词：

靠近 kàojìn | to close to

超纲词：

环绕 huánrào | to surround

壮观 zhuàngguān | spectacular

解救 jiějiù | to rescue

苦难 kǔnàn | suffering

反省 fǎnxǐng | introspection

功劳 gōngláo | contribution

后代 hòudài | descendant

宇宙 yǔzhòu | universe

练 习

一、请根据文章内容判断正误。

（　　）1. 唐僧上了那条没有底的船之后，他的灵魂就没有了。

（　　）2. 如来佛用他的手亲自为孙悟空解除了头上的金箍。

（　　）3. 唐太宗看到七色的云彩，知道唐僧终于回来了。

二、请按照故事的发展顺序排列。

A. 如来佛给师徒四人都记上了功劳，把佛经传给了唐玄奘。

B. 唐僧坐上无底的船，把他的肉体留在了岸边。

C. 师徒四人终于到了灵山，却看见山下有一条大河。

D. 师徒四人带着佛经，腾云驾雾回到了长安。

二　真实的玄奘和他的故事（上）

唐僧玄奘（602—664）是一个真实的历史人物。真正的取经故事中并没有孙悟空、猪八戒、沙和尚和那么多妖魔鬼怪，而是一段异常艰难的旅行。

玄奘本来姓陈，是洛阳人。他出生在一个读书人的家庭，10岁的时候父母去世，因为家庭很贫穷，就跟着哥哥住在洛阳的净土寺学习佛经。13岁正式出家做了和尚。他年轻的时候曾在全国各地旅行，访问名师，学习许多重要的佛教经典。

在游历和学习的过程中，玄奘发现了越来越多的问题。从东汉（25—220）以后，佛教的不同宗派在不同时间从不同的地区传进中国，各自的理论主张并不相同；唐朝之前，中国又经历了长达300多年南北分裂的时期，因此南方和北方不同宗派、不同寺庙对佛教经典的翻译、解释差别就更大了，非常混乱。从那时候起，玄奘就希望有一天自己能够系统地整理佛经，就像统一儒家思想那样，统一佛教经典的各种版本和解释。

公元626年，玄奘在长安街头遇见一个印度和尚，和他谈起了佛教在印度的情况。印度和尚告诉他，如果要彻底弄懂佛教复杂的流传，还是要去那烂陀（Nalanda）。那烂陀是世界上最好的佛学院，戒贤法师（Shilabhadra）是当时最厉害的大师，如果能做他的学生，就能够明白佛学的真理。在24岁那一年，玄奘下定了决心，一定要去天竺（就是今天的印度），亲自去那烂陀看一看，去学习真正的佛教。

从此他就开始了前往印度的准备工作。当时去印度，要沿着丝绸之路，穿过中亚的雪山和沙漠，到达阿富汗之后再南下，才能进入恒河平原。当时唐朝刚刚统一，西北边境还处在战争状态。唐朝政府禁止人民随意出国，所以玄奘好几次出国申请都没有批准。一直到629年，因为饥荒，政府开放了城门，玄奘就假装成普通老百姓，混在人群中离开了长安，沿着丝绸之路一路往西。

因为玄奘并没有拿到官方的护照，所以他的取经行为是非法的。一路上他特地躲开官府的城市，不敢住在城里，非常辛苦。可是在走了半个月之后，终于还是在边境一个军事基地被发现了。幸运的是，军人们被他的精神感动，并没有把他抓回去，而是放他走了。

离开边境，玄奘就走进了茫茫的沙漠之中，因为缺水，他差点死在沙漠中，最后是他的马带着他找到了水，救了他一命。走出沙漠后，玄奘在西域的高昌国（Gāochāng）住了很久，一方面是好好休息，另一方面因为高昌国王特别相信佛教，被玄奘的精神深深感动了，希望玄奘给他好好解释一下佛法。玄奘离开的时候，高昌国王专门派了几十个人一路保护和照顾。这支队伍在帕米尔高原（Pàmǐ'ěr Gāoyuán）的雪山中遇到了大风雪，冻死了近一半的人，最后才来到中亚的贸易中心——撒马尔罕（Sàmǎ'ěrhǎn）。当时在这里的突厥王（Tūjué）也非常佩服玄奘的勇气，给他补充了一些人员，一直保护他到印度。公元632年，玄奘终于抵达了那烂陀，正式成为戒贤法师的学生。

本级词：

人物 rénwù | figure, person
异常 yìcháng | abnormal
真理 zhēnlǐ | truth
沙漠 shāmò | desert
平原 píngyuán | plain
边境 biānjìng | border

处在 chǔzài | in the position of
随意 suíyì | at will
基地 jīdì | base
之中 zhīzhōng | among, in the middle of
贸易 màoyì | trade

超纲词：

宗派 zōngpài | religion sect
分裂 fēnliè | to divide
时期 shíqī | period
混乱 hùnluàn | disorder, chaos
大师 dàshī | master
雪山 xuěshān | snow mountain

饥荒 jīhuāng | famine
非法 fēifǎ | illegal
军事 jūnshì | military
茫茫 mángmáng | boundless
佩服 pèifu | to admire

107

练习

一、请根据文章内容判断正误。

（　　　）1. 在真实的世界中，玄奘从小就做了和尚。

（　　　）2. 玄奘觉得他首先要统一儒家的思想，再统一佛教的思想。

（　　　）3. 高昌国王对玄奘取经提供了很大的支持。

二、请按照故事的发展顺序排列。

A. 唐玄奘非法出国后，在高昌国王的帮助下翻过了雪山，最终抵达了那烂陀。

B. 长安的一位印度僧人告诉玄奘，在印度的那烂陀有一位戒贤大师。

C. 在学习佛教的过程中，玄奘希望能够统一佛经的各种解释。

D. 唐玄奘13岁时就做了和尚。

三　真实的玄奘和他的故事（下）

经过三年的艰苦旅行，玄奘到达了那烂陀，他在那里花了五年时间向戒贤法师系统学习了佛教的各种经典。后来，他还参加了戒日王（Harsha Vardhana）组织的佛教辩论大会，获得了极高的荣誉。在印度各地旅行了9年之后，玄奘带着六百多部佛教的经卷于645年回国，用了整整十六年实现了他去印度取回佛教真经的愿望。

回国之后，玄奘留在洛阳老家，在那里见到了唐朝的太宗皇帝李世民。玄奘本来希望皇帝能够支持佛教，并且同意他在少林寺完成佛经的翻译工作。但是唐朝的国教是道教，李世民并没有表现出对佛教明显的支持态度（这也是为什么我们在《西游记》里会看到许多厉害道士的原因），而且李世民有自己的想法，并没有答应玄奘。过了一段时间，皇帝命令玄奘离开洛阳去长安，一方面想从玄奘这里了解西方各个国家的情况，另一方面劝玄奘不要再做和尚了，而是帮助皇帝为国家工作。

这让玄奘很为难，他绝不可能放弃佛教出来做官，但是他也知道翻译佛经是一个巨大的工程，没有皇帝的支持不可能完成。所以玄奘答应皇帝，白天他组织翻译佛经，晚上抓紧时间给皇帝写书，向唐太宗介绍他一路上看到的各个国家的情况。唐太宗同意了，专门给玄奘建了一座大雁塔，让他住在里面安心完成他的工作。

从那一年开始，玄奘大约花了二十年时间，开始了他翻译佛经的事业，先后翻译出佛教经典一千三百三十五卷。因为他精通梵文（Sanskrit），又在那烂陀跟着戒贤法师学习，改正了许多前人翻译的错误，他的翻译非常准确，文字也优美。一直到今天，他翻译的《般若波罗蜜多心经》还在中国广为流传。与此同时，他也把取经路上的经历写成了一本《大唐西域记》。这本书一直到今天都是研究古代中亚、印度以及丝绸之路重要的历史资料。

664年，在玄奘62岁那一年，他的生命走到了尽头。他的故事也成为世界文化史上的一个传奇。

　　玄奘去世之后，他的两个徒弟写了一篇《大唐大慈恩寺三藏法师 传 》。在
这篇纪念文章里，唐玄奘取经的经历被加上了夸张的神话色彩。此后，玄奘的故
事在民间慢慢发展成为唐僧取经的神话，到了宋朝（960–1279）的时候，他的故
事里已经出现了"花果山猴王"的形象，越来越多民间妖魔鬼怪的故事也慢慢集
中到唐僧的"取经路"上来。到了元朝（1279–1368）的民间戏曲里，猪八戒、
沙和尚都加入了取经的队伍，甚至同一时期古代朝鲜的汉语课本《朴通事谚解》
里也出现了车迟国的故事。可见在700多年前，西游记的故事已经很成熟了。最
终在明代（1368–1644），由吴承恩完整地把这些故事总结整理成一部60多万字
的古典小说，也就是我们今天看到的《西游记》。

　　1983年，中国 中央 电视台的导演杨洁把《西游记》拍成电视剧。当时中国
刚刚改革开放，拍摄条件非常艰苦，大家用唯一的一台摄像机拍了所有的镜头，
那个时代电脑的特效也非常简单，演员们飞来飞去经常受伤。拍到一半的时候钱
就花光了，导演和演员到处去借钱才最终拍了24集，就像唐僧取经一样艰难。虽
然条件非常艰苦，但每一位演员都非常认真投入，无论是孙悟空、猪八戒，还是
没有名字的小妖怪，每一个角色都表演得生动活泼。直到现在，这部电视剧还在
电视台和各大网络平台反复播放，成为中国电视剧的一部经典之作，也是改革开
放以来几代中国人共同的童年回忆。

本级词：

艰苦 jiānkǔ | hard	此后 cǐhòu | thereafter
组织 zǔzhī | organize	拍摄 pāishè | to shoot (a film)
为难 wéinán | to feel awkward	摄像机 shèxiàngjī | video camera
先后 xiānhòu | in succession	艰难 jiānnán | hard
加上 jiāshàng | to add	活泼 huópō | lively

超纲词:

荣誉 róngyù | glory

安心 ānxīn | to at ease

精通 jīngtōng | to be proficient in

传奇 chuánqí | legend

夸张 kuāzhāng | exaggerated

戏曲 xìqǔ | Chinese traditional opera

特效 tèxiào | special effects

平台 píngtái | platform

练 习

一、请根据文章内容判断正误。

(   ) 1. 回到<u>长安</u>后，<u>唐太宗 李世民</u>立刻邀请<u>玄奘</u>在<u>少林寺</u>翻译大乘佛经。

(   ) 2. 因为看不懂<u>梵文</u>，<u>李世民</u>请<u>玄奘</u>把佛经故事翻译成一本《<u>大唐西域记</u>》。

(   ) 3. <u>玄奘</u>去世以后，他的故事在民间慢慢变成了神话传说，最后由<u>吴承恩</u>写成了《西游记》。

二、请按照故事的发展顺序排列。

A. <u>玄奘</u>去世之后，他的故事慢慢被加上了神话的色彩。

B. <u>玄奘</u>在<u>印度</u>一边学习一边旅行，还参加了佛教的辩论大会。

C. <u>明朝</u>的作家<u>吴承恩</u>总结了流传几百年的取经故事，写成了一本《西游记》。

D. <u>唐朝</u>的皇帝同意了<u>玄奘</u>翻译佛经的请求，为他修建了<u>大雁塔</u>。

练习参考答案

第一章 从美猴王到齐天大圣

一、1. × √ ×   2. C A E B D

二、1. × × √   2. B F H E A D G C

三、1. × √ √   2. B A D C

四、1. × √ ×   2. C D B A

第二章 大闹天宫

一、1. √ √ ×   2. A D C B

二、1. × × √   2. D B A C

三、1. √ × √   2. C D B A

四、1. × × √   2. C D A B

五、1. × × √   2. B D C A

第三章 师徒四人行

一、1. × × √   2. B C A D

二、1. √ × ×   2. B D C A

三、1. × √ √   2. B C D A

四、1. √ √ ×   2. A D C B

第四章 厉害的道士们

一、1. × × ×   2. D C B A

二、1. √ × ×   2. B C A D

三、1. × √ ×   2. D B A C

四、1. × √ ×   2. C B A D

五、1. × √ ×   2. B D C A

第五章 降妖伏魔去西天

一、1. √ × ×   2. D C A B

二、1. × √ ×   2. C B D A

三、1. × √ √   2. B D C A

四、1. × √ √   2. D B A C

五、1. × × ×   2. B D C A

第六章 老牛这一家

    一、1. √ × ×   2. A D B C

    二、1. × √ ×   2. D B A C

    三、1. × √ ×   2. D A C B

    四、1. × × √   2. D C A B

第七章 多情的女王和妖怪们

    一、1. × × ×   2. C B A D

    二、1. × × √   2. C B D A

    三、1. × √ ×   2. C A B D

第八章 取得真经归

    一、1. × √ √   2. C B A D

    二、1. √ × √   2. D C B A

    三、1. × × √   2. B D A C

词汇表

A

安慰 ānwèi | to comfort 5

安心 ānxīn | to at ease 8

岸 àn | bank 1

按摩 ànmó | to massage 4

B

拔 bá | to pull out 2

白银 báiyín | silver 3

拜访 bàifǎng | to visit 4

拜托 bàituō | please, come on 2

包围 bāowéi | to surround 2

宝剑 bǎojiàn | sword 6

宝塔 bǎotǎ | pagoda 5

保佑 bǎoyòu | to bless 5

报仇 bàochóu | to revenge 3

报信 bàoxìn | to send message 5

抱怨 bàoyuàn | to complain 3

暴露 bàolù | to expose 6

逼 bī | to constrain 7

鼻子 bízi | nose 2

闭 bì | to close (eyes) 1

陛下 bìxià | your Majesty 3

边境 biānjìng | border 8

鞭子 biānzi | whip 4

饼 bǐng | cake, pastry 1

伯伯 bóbo | uncle 6

不慌不忙 bùhuāng-bùmáng | unhurriedly 4

不禁 bùjīn | can't help (doing) 3

不许 bùxǔ | not allow 4

不知不觉 bùzhī-bùjué | unconciously 2

C

猜 cāi | to guess 4

残忍 cánrěn | cruel 3

惭愧 cánkuì | to be ashamed of 5

藏 cáng | to hide 4

草堆 cǎoduī | hay 5

炼 liàn | to smelt — 2

恋爱 liànài | to fall in love with — 5

良心 liángxīn | morality — 7

猎人 lièrén | hunter — 3

邻居 línjū | neighbor — 1

临 lín | just before — 2

灵魂 línghún | soul — 6

灵活 línghuó | flexible — 2

流泪 liúlèi | to weep, to shed tears — 5

龙王 lóngwáng | dragon king — 1

隆重 lóngzhòng | solemn — 7

炉子 lúzi | stove — 2

路过 lùguò | to pass by — 4

乱糟糟 luànzāozāo | messy — 3

轮到 lúndào | to take turns — 4

轮回 lúnhuí | reincarnation — 1

啰嗦 luōsuo | to verbose — 3

M

麻雀 máquè | sparrow — 2

骂 mà | to curse — 1

卖弄 màinòng | to show off — 1

馒头 mántou | steamed bun — 3

茫茫 mángmáng | boundless — 8

毛笔 máobǐ | brush pen — 2

冒 mào | to emit — 4

贸易 màoyì | trade — 8

没完没了 méiwán-méiliǎo | endless — 2

媒人 méirén | matchmaker — 7

每当 měidāng | whenever — 1

迷宫 mígōng | maze — 7

迷人 mírén | charming — 3

蜜蜂 mìfēng | bee — 7

免得 miǎnde | so as to avoid — 1

面子 miànzi | face — 2

庙 miào | temple — 2

灭 miè | to extinguish — 6

明亮 míngliàng | bright — 1

明明 míngmíng | obviously — 4

命令 mìnglìng | to order — 1

莫名其妙 mòmíngqímiào | without rhyme or reason — 4

强盗 qiángdào | bandit   3

抢 qiǎng | to rob   3

悄悄 qiāoqiāo | quietly   1

敲门 qiāomén | to knock at the door   1

亲 qīn | to kiss   3

亲戚 qīnqi | relatives   3

亲手 qīnshǒu | in person   4

勤劳 qínláo | hard working   3

请帖 qǐngtiě | invitation card   5

求婚 qiúhūn | to ask for a lady's hand 7

娶 qǔ | to marry   5

全都 quándōu | all   4

拳 quán | fist   2

劝 quàn | to try to persuade   2

R

人间 rénjiān | the human world   3

人物 rénwù | figure, person   8

仁慈 réncí | mercy   2

认 rèn | to admit   6

任性 rènxìng | capricious   3

扔 rēng | to throw   2

荣誉 róngyù | glory   8

软 ruǎn | soft   4

S

撒谎 sāhuǎng | to tell a lie   4

撒谎 sāhuǎng | to tell a lie   5

撒尿 sāniào | to pee   2

嫂子 sǎozi | sister-in-law   6

杀 shā | to kill   3

沙漠 shāmò | desert   8

傻 shǎ | silly   3

山川 shānchuān | mountains and rivers   1

山顶 shāndǐng | mountain top   4

扇 shān | to blow   6

扇子 shànzi | fan   6

上厕所 shàng cèsuǒ | to go to toilet   5

上当 shàngdàng | to be fooled   3

烧香 shāoxiāng | burn joss sticks   4

舍不得 shěbude | to be loath to part with
          or leave   1

射 shè | to shoot   2

摄像机 shèxiàngjī | video camera   8

身子 shēnzi | body	4	水鸟 shuǐniǎo | water bird	2
深处 shēnchù | deep	1	顺便 shùnbiàn | by the way	3
神奇 shénqí | magical	1	顺着 shùnzhe | along with	3
神奇 shénqí | magic	2	丝绸 sīchóu | silk	4
神仙 shénxiān | immortal	1	私生女 sīshēngnǚ | illegitimate daughter	7
声 shēng | sound, voice	2	撕 sī | to tear apart	2
绳子 shéngzi | rope	1	死亡 sǐwáng | death	1
胜负 shèngfù | victory or defeat	2	算账 suànzhàng | to revenge	2
盛大 shèngdà | magnificent	3	随意 súiyì | at will	8
剩 shèng | to remain, to be left	5	碎 suì | to crush	5
剩下 shèngxià | to remain	4	锁 suǒ | lock	3
尸体 shītǐ | dead body	5		
师父 shīfu | master	3		
狮子 shīzi | lion	3	**T**	
时期 shíqī | period	8	抬 tái | to lift up	1
使命 shǐmìng | mission	3	太子 tàizǐ | prince	5
手掌 shǒuzhǎng | palm	2	坛 tán | altar	4
熟悉 shúxī | to be familiar with	2	弹 tán | to flick	7
竖 shù | to erect	2	叹气 tànqì | to sigh	3
摔 shuāi | to break	6	烫 tàng | hot	4
甩 shuǎi | to throw	6	趟 tàng | to go over once	2
水壶 shuǐhú | kettle	4	逃 táo | to escape	1
		逃跑 táopǎo | to escape	3

小气 xiǎoqì | stingy   4

小溪 xiǎoxī | creek   1

孝顺 xiàoshùn | to show filial piety   6

蝎子 xiēzi | scorpion   7

心思 xīnsi | mind, thought   5

辛苦 xīnkǔ | hard   3

醒来 xǐnglái | to wake up   3

雄伟 xióngwěi | grand   4

袖子 xiùzi | sleeve   4

学艺 xuéyì | to learn skill   1

雪山 xuěshān | snow mountain   8

熏 xūn | to smoke   2

Y

牙齿 yáchǐ | tooth   2

淹 yān | to submerge   3

严厉 yánlì | strictly   5

沿着 yánzhe | along with   1

宴会 yànhuì | banquet   2

养女 yǎngnǚ | adopted daughter   7

妖怪 yāoguài | monster   3

邀请 yāoqǐng | to invite   1

摇头 yáotóu | to shake head   3

遥远 yáoyuǎn | far away, remote   1

咬 yǎo | to bite   2

野 yě | wild   5

野猪 yězhū | wild boar   3

一惊 yìjīng | surprise   3

一句话 yíjùhuà | in a word   4

一口气 yìkǒuqì | (with) one breath   2

一时 yìshí | at the moment   5

一下子 yíxiàzi | at a time   2

一言为定 yìyánwéidìng | that's settled then   4

以往 yǐwǎng | before   6

异常 yìcháng | abnormal   8

银河 yínhé | milky way   3

尤其 yóuqí | particularly   2

渔民 yúmín | fisherman   1

宇宙 yǔzhòu | universe   8

原谅 yuánliàng | to forgive   4

缘分 yuánfèn | fate   7

远处 yuǎnchù | (in the) distance   5

远方 yuǎnfāng | distant place   1

晕倒 yūndǎo | to faint   6

允许 yǔnxǔ | to permit   4

Z

砸 zá | to smash 1

仔细 zǐxì | carefully 2

宰相 zǎixiàng | prime minister 5

再次 zàicì | again 2

再说 zàishuō | besides, what's more 1

再也（不） zàiyě | never 4

糟糕 zāogāo | bad 5

眨眼 zhǎyǎn | to blink 6

炸 zhá | to deep-fry 4

摘 zhāi | to pick 1

掌握 zhǎngwò | to grasp, to master 1

招 zhāo | to recruit 2

招待 zhāodài | to entertain 4

招惹 zhāorě | to provoke 5

蜇 zhē | to sting 7

珍贵 zhēnguì | precious 3

真理 zhēnlǐ | truth 8

睁 zhēng | to open (eyes) 1

之中 zhīzhōng | among, in the middle of 8

侄子 zhízi | nephew 6

职位 zhíwèi | position 2

只见 zhǐjiàn | only to see 4

秩序 zhìxù | order, sequence 5

中央 zhōngyāng | center, middle 4

咒语 zhòuyǔ | incantation 2

皱眉 zhòuméi | to frown 5

柱子 zhùzi | pillar, column 1

装饰 zhuāngshì | to decorate 3

壮观 zhuàngguān | spectacular 8

壮丽 zhuànglì | glorious 4

捉弄 zhuōnòng | to tease 4

自称 zìchēng | to claim oneself 2

宗派 zōngpài | religion sect 8

组织 zǔzhī | organize 8

钻 zuān | to drill 3

罪 zuì | crime 5

醉 zuì | drunk 1

尊敬 zūnjìng | respectfully 1

图书在版编目（CIP）数据

西游记故事 / 张斌编 . -- 上海：上海外语教育出版社，2024

（阅读中国·外教社中文分级系列读物 / 程爱民总主编 . 五级）

ISBN 978-7-5446-7429-4

Ⅰ . ①西⋯ Ⅱ . ①张⋯ Ⅲ . ①汉语—对外汉语教学—语言读物 Ⅳ . ①H31

中国国家版本馆CIP数据核字（2023）第040319号

出版发行：**上海外语教育出版社**
　　　　　（上海外国语大学内）邮编：200083
电　　话：021-65425300（总机）
电子邮箱：bookinfo@sflep.com.cn
　　址：http://www.sflep.com
　编辑：李振荣

　　刷：上海商务联西印刷有限公司

　　：787×1092　1/16　印张 8.5　字数 147千字
　　2024年3月第1版　2024年3月第1次印刷

　　RN 978-7-5446-7429-4

　　　元

　　　质量问题，可向本社调换

　　　213-263